NUEVO Kairé

religión católica

3 primaria

PPC
sm

Así es tu libro

1. Experiencia inicial

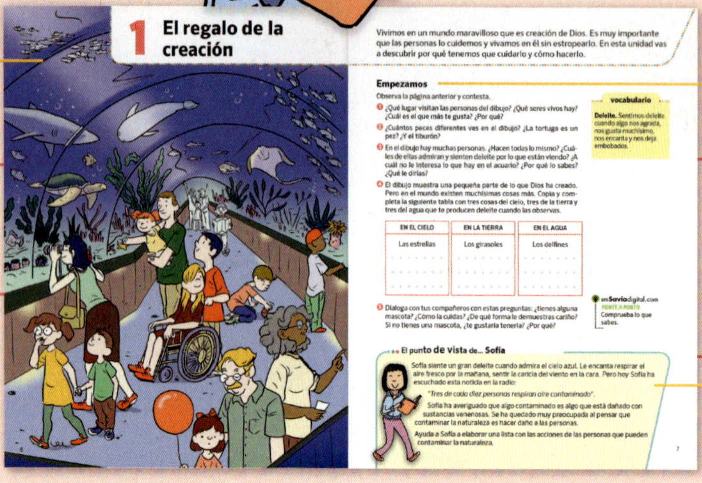

Ilustración inicial

- Experiencia cercana al alumno.
- Situaciones que reflejan sentimientos y emociones.

Empezamos

- Actividades de observación y comprensión lectora.
- Detección de la emoción que recorre toda la unidad.
- Definición de la emoción y vocabulario emocional.

El punto de vista de Sofía

- Presentación de un dilema a debatir y resolver.

2. Leemos y aprendemos con la Biblia

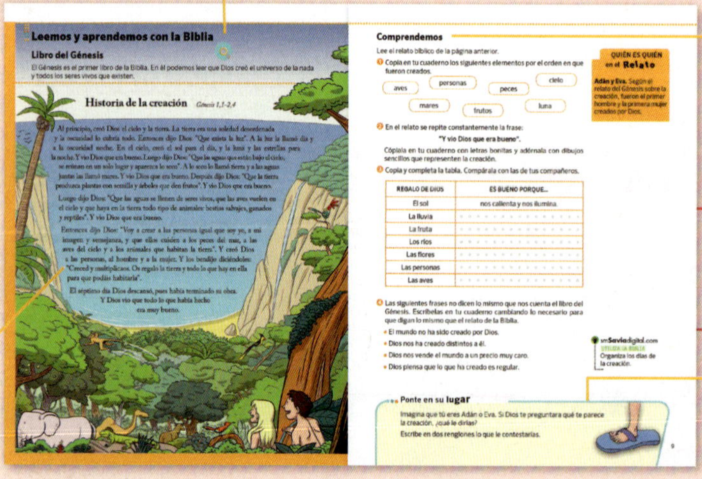

DVD

- Video musical del relato bíblico.

sm**Savia**digital.com
UTILIZA LA BIBLIA
Inglés

- Locución en inglés

Texto bíblico

- Versión oficial de la CEE.

Comprendemos

- Actividades de observación y comprensión lectora.
- Trabajo sobre la emoción en el texto bíblico.

Ponte en su lugar

- Acercamiento empático al texto bíblico.

Aprender más

Actividades competenciales que trabajan las **inteligencias múltiples**.

Leemos

- Textos literarios relacionados con los contenidos de la unidad.

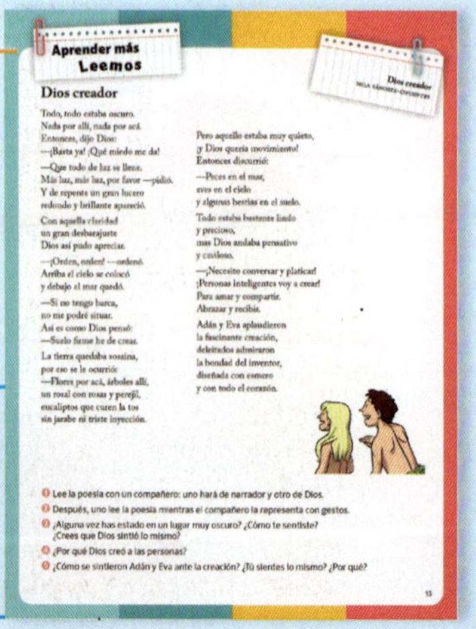

Se trabaja fundamentalmente la **inteligencia lingüístico-verbal**.

Contemplamos

- Actividades de análisis y desarrollo de habilidades artísticas.

Exprésate

- Actividades de creación artística.

Se trabajan fundamentalmente las **inteligencias visual-espacial, naturalista e intrapersonal**.

3. Los cristianos...

Contenidos
Desarrollo de los contenidos del currículo de la CEE.

Testigos
- Presentación de un personaje que encarna los valores cristianos trabajados en la unidad.
- Síntesis entre la emoción central y el contenido teológico.

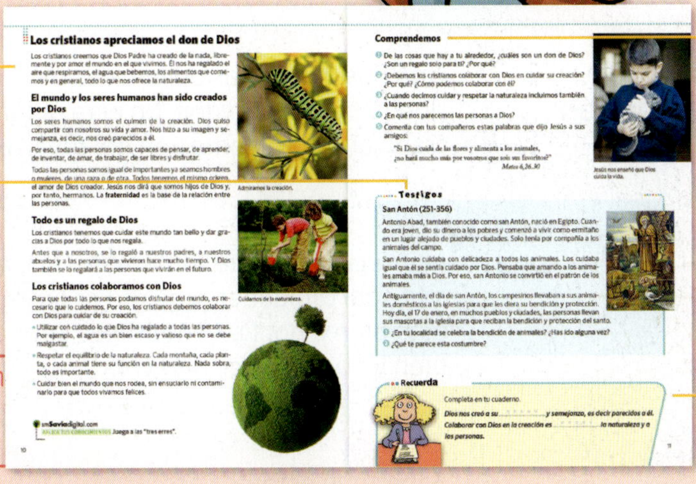

Comprendemos
- Actividades de observación y comprensión lectora.

Recuerda
- Contenido esencial para recordar.

4. ¿Qué he aprendido?

¿Qué he aprendido?
- Mapa conceptual y síntesis de los contenidos trabajados.
- Actividades de evaluación.

Autoevaluación
- Actividades de autoevaluación.
- Recopilación personal de aprendizajes significativos.

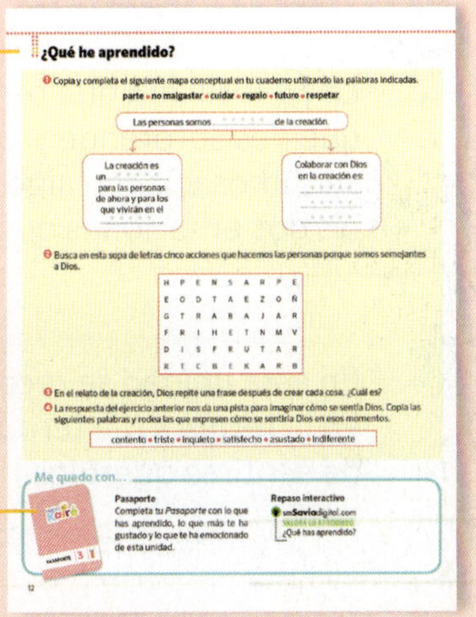

Entrar en smSaviadigital.com **es fácil**:

1. Escribe en internet la siguiente dirección: **smsaviadigital.com**
2. Regístrate e introduce el número de licencia que encontrarás nada más abrir tu libro.
3. Como solo debes registrarte una vez, anota tu identificador y contraseña.

Investigamos
- Actividades lúdicas de investigación y elaboración de proyectos.

Taller
- Propuestas de actividades cooperativas.

Se trabajan las **inteligencias logico-matemática, cinestésica-corporal e interpersonal.**

ÁLBUM

Monográficos que relacionan la fe y la cultura.

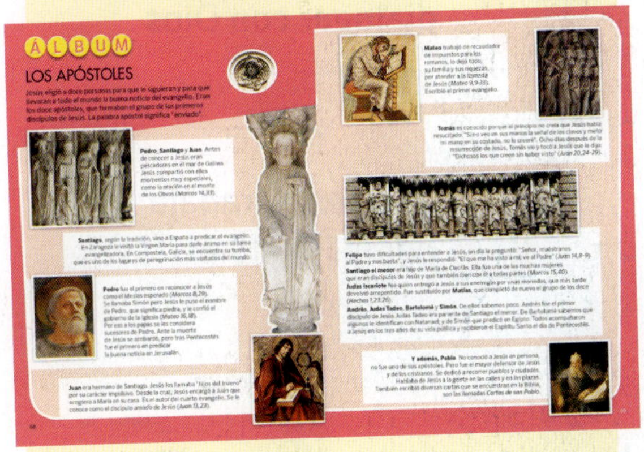

Programación

	UNIDAD	EMOCIÓN	
1	**El regalo de la creación**	Ante las maravillas de la creación nos quedamos admirados. En esta unidad trabajaremos la emoción del **deleite**.	
2	**Elegir bien**	Las decisiones que tomamos a lo largo del día son oportunidades para elegir entre lo que está bien o no. La **bondad** nos lleva a hacer el bien y nos produce **alegría**.	
3	**Dios siempre acompaña**	Saber que estamos acompañados nos da **seguridad**, esta es la emoción que trabajaremos en esta unidad.	
4	**El bautismo de Jesús**	La **admiración** que tenemos hacia alguien que nos sorprende y la **felicidad** que sentimos cuando algo nos gusta mucho son las dos emociones que recorren la unidad.	
5	**Jesús pasó haciendo el bien**	En esta unidad se reconoce y se profundiza en la **ternura**. La ternura provoca la felicidad de sentirse queridos.	
6	**Seguir a Jesús**	Las personas fieles y dignas de confianza destacan por su **lealtad**. Un comportamiento que nos acompaña a lo largo de toda la unidad.	
7	**La oración, dialogar con Dios**	La unidad se centra en el significado de la **cordialidad** y en la naturaleza de la oración. La oración consiste en hablar con Dios como con un amigo o amiga.	
8	**La Iglesia trabaja por la igualdad**	Esta última unidad del libro nos descubre que, con la **aceptación**, tratamos a todas las personas por igual aunque sean diferentes. Todos tenemos la misma dignidad.	

BIBLIA		TESTIGO	
Leeremos el relato de **la creación** del libro del Génesis. Dios hizo todo bueno.		La figura de **san Antón** nos servirá como modelo cristiano de cuidado de la creación, concretamente del amor a los animales.	
El relato del Génesis **La elección de Adán y Eva** narra cómo Adán y Eva eligieron desobedecer a Dios y tuvieron que asumir las consecuencias. de su elección.		El papa **Juan Pablo II** es un ejemplo a seguir. Él perdonó a Ali Agca que intentó matarlo mientras saludaba a los fieles reunidos en la Plaza de San Pedro.	
Leeremos en el libro del Éxodo cómo **Dios acompañó por el desierto a su pueblo**. Y veremos a Moisés como un colaborador de Dios en la historia de salvación.		**Corazón Aquino** acompañó al pueblo de su país cuando reclamó derechos básicos para todos.	
En el relato **El bautismo de Jesús** leeremos cómo Juan el Bautista bautiza a Jesús en el río Jordán		Veremos cómo el mensaje de Jesús llegó por primera vez a Japón, la India y China gracias a **san Francisco Javier**.	
El espíritu del Señor está sobre mí es el relato que recoge diferentes situaciones que muestran a Jesús anunciando el reino de Dios.		**Beatriz Martínez Pérez**, carmelita misionera en la India enseña a las mujeres un trabajo para valerse por sí mismas y reivindicar su dignidad.	
A lo largo de toda su vida Jesús invita a muchas personas a que le sigan, aunque solo los más leales lo consiguieron. Así lo muestra el relato **Seguir a Jesús**.		**Irene Prado Bolaños** colabora con varias ONG y dedica gran parte de su tiempo a ayudar a los demás. A través de juegos y actividades habla a niños y jóvenes de Jesús.	
La **parábola del sembrador** nos muestra la mejor manera de escuchar la Palabra de Dios. El silencio interior favorece la comunicación con Dios.		**Teresa de Lisieux** desde niña quiso ser religiosa para estar cerca de Dios. Cada día experimentaba el amor de Dios y hablaba cordialmente con él.	
Todos los bautizados sois uno es un relato que presenta que no hay diferencias entre los seguidores y seguidoras de Jesús.		**Isabel Pérez-Aguirre López** trabaja con niños autistas que tienen problemas para relacionarse. Ella nos invita a comprenderlos y aceptarlos.	

1 El regalo de la creación

Vivimos en un mundo maravilloso que es creación de Dios. Es muy importante que las personas lo cuidemos y vivamos en él sin estropearlo. En esta unidad vas a descubrir por qué tenemos que cuidarlo y cómo hacerlo.

Empezamos

Observa la página anterior y contesta.

1. ¿Qué lugar visitan las personas del dibujo? ¿Qué seres vivos hay? ¿Cuál es el que más te gusta? ¿Por qué?
2. ¿Cuántos peces diferentes ves en el dibujo? ¿La tortuga es un pez? ¿Y el tiburón?
3. En el dibujo hay muchas personas. ¿Hacen todas lo mismo? ¿Cuáles de ellas admiran y sienten deleite por lo que están viendo? ¿A cuál no le interesa lo que hay en el acuario? ¿Por qué lo sabes? ¿Qué le dirías?
4. El dibujo muestra una pequeña parte de lo que Dios ha creado. Pero en el mundo existen muchísimas cosas más. Copia y completa la siguiente tabla con tres cosas del cielo, tres de la tierra y tres del agua que te producen deleite cuando las observas.

EN EL CIELO	EN LA TIERRA	EN EL AGUA
Las estrellas	Los girasoles	Los delfines
•••••••	•••••••	•••••••
•••••••	•••••••	•••••••
•••••••	•••••••	•••••••

5. Dialoga con tus compañeros con estas preguntas: ¿tienes alguna mascota? ¿Cómo la cuidas? ¿De qué forma le demuestras cariño? Si no tienes una mascota, ¿te gustaría tenerla? ¿Por qué?

vocabulario

Deleite. Sentimos deleite cuando algo nos agrada, nos gusta muchísimo, nos encanta y nos deja embobados.

smSaviadigital.com
PONTE A PUNTO
Comprueba lo que sabes.

El punto de vista de... Sofía

Sofía siente un gran deleite cuando admira el cielo azul. Le encanta respirar el aire fresco por la mañana, sentir la caricia del viento en la cara. Pero hoy Sofía ha escuchado esta noticia en la radio:

"Tres de cada diez personas respiran aire contaminado".

Sofía ha averiguado que algo contaminado es algo que está dañado con sustancias venenosas. Se ha quedado muy preocupada al pensar que contaminar la naturaleza es hacer daño a las personas.

Ayuda a Sofía a elaborar una lista con las acciones de las personas que pueden contaminar la naturaleza.

Leemos y aprendemos con la Biblia

Libro del Génesis

El Génesis es el primer libro de la Biblia. En él podemos leer que Dios creó el universo de la nada y todos los seres vivos que existen.

Historia de la creación

Génesis 1,1-27

Al principio creó Dios el cielo y la tierra. La tierra estaba informe y vacía; la tiniebla cubría la superficie del abismo, mientras el espíritu de Dios se cernía sobre la faz de las aguas. Dijo Dios: "Exista la luz". Y la luz existió. Vio Dios que la luz era buena. Y separó Dios la luz de la tiniebla. Llamó Dios a la luz «día» y a la tiniebla llamó «noche». [...] Y dijo Dios: "Exista un firmamento entre las aguas, que separe aguas de aguas". E hizo Dios el firmamento y separó las aguas de debajo del firmamento de las aguas de encima del firmamento. [...] Dijo Dios: "Cúbrase la tierra de verdor, de hierba verde que engendre semilla, y de árboles frutales que den fruto según su especie y que lleven semilla sobre la tierra". [...] Dijo Dios: "Existan lumbreras en el firmamento del cielo, para separar el día de la noche, para señalar las fiestas, los días y los años, y sirvan de lumbreras en el firmamento del cielo, para iluminar sobre la tierra". [...] Dijo Dios: "Bullan las aguas de seres vivientes, y vuelen los pájaros sobre la tierra frente al firmamento del cielo". [...] Dijo Dios: "Produzca la tierra seres vivientes según sus especies: ganados, reptiles y fieras según sus especies". Y vio Dios que era bueno.

Dijo Dios: "Hagamos al hombre a nuestra imagen y semejanza; que domine los peces del mar, las aves del cielo, los ganados y los reptiles de la tierra". Y creó Dios al hombre a su imagen, a imagen de Dios lo creó, varón y mujer los creó.

Comprendemos

Lee el capítulo primero del libro del Génesis.

1. Copia en tu cuaderno los siguientes elementos por el orden en que fueron creados.

aves · personas · peces · cielo · mares · frutos · luna

2. En el relato se repite constantemente la frase:

"Y vio Dios que era bueno".

Cópiala en tu cuaderno con letras bonitas y adórnala con dibujos sencillos que representen la creación.

3. Copia y completa la tabla. Compárala con las de tus compañeros.

REGALO DE DIOS	ES BUENO PORQUE...
El sol	nos calienta y nos ilumina.
La lluvia	● ● ● ● ● ● ● ● ● ● ● ● ● ● ●
La fruta	● ● ● ● ● ● ● ● ● ● ● ● ● ● ●
Los ríos	● ● ● ● ● ● ● ● ● ● ● ● ● ● ●
Las flores	● ● ● ● ● ● ● ● ● ● ● ● ● ● ●
Las personas	● ● ● ● ● ● ● ● ● ● ● ● ● ● ●
Las aves	● ● ● ● ● ● ● ● ● ● ● ● ● ● ●

4. Las siguientes frases no dicen lo mismo que nos cuenta el libro del Génesis. Escríbelas en tu cuaderno cambiando lo necesario para que digan lo mismo que el relato de la Biblia.

- El mundo no ha sido creado por Dios.
- Dios nos ha creado distintos a él.
- Dios nos vende el mundo a un precio muy caro.
- Dios piensa que lo que ha creado es regular.

QUIÉN ES QUIÉN en el Relato

Adán y Eva. Según el relato del Génesis sobre la creación, fueron el primer hombre y la primera mujer creados por Dios.

y Dios dijo:

"Hagamos". Al crear al hombre y la mujer, el Génesis habla de Dios en plural: "Hagamos al hombre a nuestra imagen y semejanza". Desde los primeros versículos de la Biblia se reconoce a Dios como Trinidad (Padre, Hijo y Espíritu Santo).

smSaviadigital.com
UTILIZA LA BIBLIA
Organiza los días de la creación.

Ponte en su lugar

Imagina que tú eres Adán o Eva. Si Dios te preguntara qué te parece la creación, ¿qué le dirías?

Escribe en dos renglones lo que le contestarías.

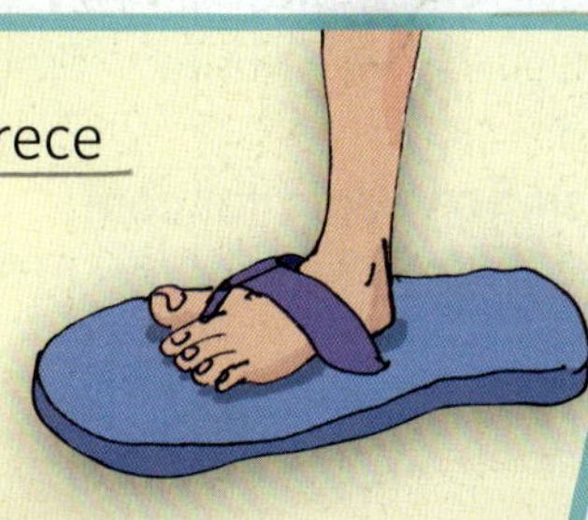

Los cristianos apreciamos el don de Dios

Los cristianos creemos que Dios Padre ha creado de la nada, libremente y por amor el mundo en el que vivimos. Él nos ha regalado el aire que respiramos, el agua que bebemos, los alimentos que comemos y en general, todo lo que nos ofrece la naturaleza.

Admiramos la creación.

El mundo y los seres humanos han sido creados por Dios

Los seres humanos somos el culmen de la creación. Dios quiso compartir con nosotros su vida y amor. Nos hizo a su imagen y semejanza, es decir, nos creó parecidos a él, con la capacidad de distinguir entre el bien y el mal.

Por eso, todas las personas somos capaces de pensar, de aprender, de inventar, de amar, de trabajar, de ser libres y disfrutar.

Todas las personas somos igual de importantes ya seamos hombres o mujeres, de una raza o de otra. Todos tenemos el mismo origen, el amor de Dios creador. Jesús nos dirá que somos hijos de Dios y, por tanto, hermanos. La **fraternidad** es la base de la relación entre las personas.

Cuidamos de la naturaleza.

Todo es un regalo de Dios

Los cristianos tenemos que cuidar este mundo tan bello y dar gracias a Dios por todo lo que nos regala.

Antes que a nosotros, se lo regaló a nuestros padres, a nuestros abuelos y a las personas que vivieron hace mucho tiempo. Y Dios también se lo regalará a las personas que vivirán en el futuro.

Los cristianos colaboramos con Dios

Para que todas las personas podamos disfrutar del mundo, es necesario que lo cuidemos. Por eso, los cristianos debemos colaborar con Dios para cuidar de su creación.

- Utilizar con cuidado lo que Dios ha regalado a todas las personas. Por ejemplo, el agua es un bien escaso y valioso que no se debe malgastar.
- Respetar el equilibrio de la naturaleza. Cada montaña, cada planta, o cada animal tiene su función en la naturaleza. Nada sobra, todo es importante.
- Cuidar bien el mundo que nos rodea, sin ensuciarlo ni contaminarlo para que todos vivamos felices.

smSaviadigital.com

APLICA TUS CONOCIMIENTOS Juega a las “tres erres”.

Comprendemos

1. De las cosas que hay a tu alrededor, ¿cuáles son un don de Dios? ¿Son un regalo solo para ti? ¿Por qué?
2. ¿Debemos los cristianos colaborar con Dios en cuidar su creación? ¿Por qué? ¿Cómo podemos colaborar con él?
3. ¿Cuando decimos cuidar y respetar la naturaleza incluimos también a las personas?
4. ¿En qué nos parecemos las personas a Dios?
5. Comenta con tus compañeros estas palabras que dijo Jesús a sus amigos:

> "Si Dios cuida de las flores y alimenta a los animales,
> ¿no hará mucho más por vosotros que sois sus favoritos?"
>
> *Mateo 6,26.30*

Jesús nos enseñó que Dios cuida la vida.

Testigos

San Antón (251-356)

Antonio Abad, también conocido como san Antón, nació en Egipto. Cuando era joven, dio su dinero a los pobres y comenzó a vivir como ermitaño en un lugar alejado de pueblos y ciudades. Solo tenía por compañía a los animales del campo.

San Antonio cuidaba con delicadeza a todos los animales. Los cuidaba igual que él se sentía cuidado por Dios. Pensaba que amando a los animales amaba más a Dios. Por eso, san Antonio se convirtió en el patrón de los animales.

Antiguamente, el día de san Antón, los campesinos llevaban a sus animales domésticos a las iglesias para que les diera su bendición y protección. Hoy día, el 17 de enero, en muchos pueblos y ciudades, las personas llevan sus mascotas a la iglesia para que reciban la bendición y protección del santo.

1. ¿En tu localidad se celebra la bendición de animales? ¿Has ido alguna vez?
2. ¿Qué te parece esta costumbre?

Recuerda

Completa en tu cuaderno.

Dios nos creó a su .... y semejanza, es decir parecidos a él.

Colaborar con Dios en la creación es .... la naturaleza y a las personas.

¿Qué he aprendido?

1. Copia y completa el siguiente mapa conceptual en tu cuaderno utilizando las palabras indicadas.

parte • no malgastar • cuidar • regalo • futuro • respetar

Las personas somos ● ● ● ● ● de la creación.

La creación es un ● ● ● ● ● para las personas de ahora y para los que vivirán en el ● ● ● ● ●.

Colaborar con Dios en la creación es:
● ● ● ● ●
● ● ● ● ●
● ● ● ● ●

2. Busca en esta sopa de letras cinco acciones que hacemos las personas porque somos semejantes a Dios.

H	P	E	N	S	A	R	P	E
E	O	D	T	A	E	Z	O	Ñ
G	T	R	A	B	A	J	A	R
F	R	I	H	E	T	N	M	V
D	I	S	F	R	U	T	A	R
R	T	C	B	E	K	A	R	B

3. En el relato de la creación, Dios repite una frase después de crear cada cosa. ¿Cuál es?

4. La respuesta del ejercicio anterior nos da una pista para imaginar cómo se sentía Dios. Copia las siguientes palabras y rodea las que expresen cómo se sentiría Dios en esos momentos.

contento • triste • inquieto • satisfecho • asustado • indiferente

Me quedo con...

Pasaporte
Completa tu *Pasaporte* con lo que has aprendido, lo que más te ha gustado y lo que te ha emocionado de esta unidad.

Repaso interactivo
smSaviadigital.com
VALORA LO APRENDIDO
¿Qué has aprendido?

Dios creador
MILA SÁNCHEZ-CIFUENTES

Dios creador

Todo, todo estaba oscuro.
Nada por allí, nada por acá.
Entonces, dijo Dios:
—¡Basta ya! ¡Qué miedo me da!

—Que todo de luz se llene.
Más luz, más luz, por favor —pidió.
Y de repente un gran lucero
redondo y brillante apareció.

Con aquella claridad
un gran desbarajuste
Dios así pudo apreciar.

—¡Orden, orden! —ordenó.
Arriba el cielo se colocó
y debajo el mar quedó.

—Si no tengo barca,
no me podré situar.
Así es como Dios pensó:
—Suelo firme he de crear.

La tierra quedaba sosaina,
por eso se le ocurrió:
—Flores por acá, árboles allí,
un rosal con rosas y perejil,
eucaliptos que curen la tos
sin jarabe ni triste inyección.

Pero aquello estaba muy quieto,
¡y Dios quería movimiento!
Entonces discurrió:

—Peces en el mar,
aves en el cielo
y algunas bestias en el suelo.

Todo estaba bastante lindo
y precioso,
mas Dios andaba pensativo
y caviloso.

—¡Necesito conversar y platicar!
¡Personas inteligentes voy a crear!
Para amar y compartir.
Abrazar y recibir.

Adán y Eva aplaudieron
la fascinante creación,
deleitados admiraron
la bondad del inventor,
diseñada con esmero
y con todo el corazón.

1. La poesía "Dios creador" se inspira en el relato bíblico del Génesis. Léela con un compañero: uno hará de narrador y otro de Dios.
2. Después, uno lee la poesía mientras el compañero la representa con gestos.
3. ¿Alguna vez has estado en un lugar muy oscuro? ¿Cómo te sentiste? ¿Crees que Dios sintió lo mismo?
4. ¿Por qué Dios creó a las personas?
5. ¿Cómo se sintieron Adán y Eva ante la creación? ¿Tú sientes lo mismo? ¿Por qué?

Aprender más

Contemplamos

HENRY ROUSSEAU, *Paisaje exótico con monos y un papagayo*

Observa el siguiente cuadro. Fíjate en los detalles.

1. ¿Qué seres vivos reconoces?
2. ¿Cuál es el que más te gusta? ¿Por qué?
3. ¿Qué lugar representa el cuadro?
4. Lee el título del cuadro. ¿Por qué crees que Rousseau ha utilizado la palabra *exótico*?
5. Selecciona en tu cuaderno las emociones que sientes al observar este cuadro.

alegría • desinterés • deleite
confusión • asombro • atracción

smSaviadigital.com
CONTEMPLA E INVESTIGA Disfruta de otro bello paisaje.

vocabulario

Exótico. Algo extraño procedente de países lejanos.

Sabías que...

Henry Rousseau es uno de los primeros pintores de estilo **naíf**. Este estilo se caracteriza por dibujos muy sencillos, casi infantiles y con colores muy vivos.

Puedes ver pinturas de este estilo en:

www.e-sm.net/K1_naif

Exprésate

Rubén ha observado este cuadro de Henry Rousseau y, como le gusta mucho la fruta, se le ha ocurrido realizar un dibujo naíf. Dibujará la silueta de un árbol y colgará de sus ramas muchas frutas de vivos colores. A su obra le pondrá el nombre de *Frutas exóticas*.

¿Te atreves tú también a realizar un cuadro parecido?

Piensa en frutas que te gusten y ¡adelante!

Aprender más
Investigamos

La historia de la creación del mundo que cuenta la Biblia no es la única. Desde hace miles de años, diferentes pueblos de todo el mundo han relatado cómo empezó todo. Marcos ha investigado diferentes culturas. Se ha fijado en la cultura de los pueblos tehuelche y mapuche. Esto es lo que ha descubierto.

Relato tehuelche y mapuche de la creación

Al principio, solo existía en medio de la oscuridad el dios Kóoch. Ocurría que Kóoch se sentía triste de vivir rodeado de tinieblas y estar solo. Lloró durante mucho tiempo. De sus lágrimas se formó el mar. Al observar tanta agua, suspiró y creó así el viento. Este viento separó la tierra de las aguas y se crearon las islas y la tierra firme.

Kóoch, para ver su creación, rasgó las tinieblas del cielo y creó el sol, y para disminuir la oscuridad de la noche creó la luna. Llegó un momento en que le pareció que todo era estupendo, y entonces decidió que los seres humanos podían vivir en el mundo que había creado.

1. Lee el relato de la creación tehuelche y mapuche.
2. Completa en tu cuaderno las frases de esta tabla. Para hacerlo, vuelve a leer los dos relatos sobre la creación.

	TEHUELCHES	GÉNESIS
Al principio solo había...	• • • • • • •	• • • • • • •
No le gustaba a....	• • • • • • •	• • • • • • •
Por eso creó....	• • • • • • •	• • • • • • •
Y por último creó....	• • • • • • •	• • • • • • •
Sintiéndose...	• • • • • • •	• • • • • • •

3. ¿En qué se parecen las frases de los dos relatos? ¿Qué es lo que más te llama la atención?
4. Cuenta con tus propias palabras el relato de la creación tehuelche y mapuche, y resalta los elementos que más te gusten.

Pistas para la investigación...

Cultura. Conjunto de costumbres y conocimientos de un pueblo.

Los pueblos **tehuelche y mapuche** viven en zonas de Argentina y Chile, en el extremo sur del continente americano.

Son pueblos que han conservado durante siglos su cultura, porque los ancianos cuentan a los jóvenes historias que les transmiten sus conocimientos y tradiciones.

Taller

Todos sabemos lo que es un cuarto desordenado. Cuando alguien entra en él piensa: "¡Qué horror!".

Os invitamos a que sobre vuestras mesas pongáis vuestras cosas en desorden: libros, cuadernos, bolígrafos, lápices, borradores, etc. ¿Qué sentís al contemplarlo?

Después, ordenarlo todo sobre la mesa. ¿Qué sentís ahora?

Para terminar, dibujar un mural que exprese el paso del desorden al orden.

2 Elegir bien

Todos sabemos distinguir el bien del mal en nuestro alrededor. Nuestro comportamiento y las decisiones que tomamos a lo largo del día son oportunidades para elegir un camino u otro.

Empezamos

Observa el dibujo, fíjate en las formas de actuar de estos alumnos y descubre las emociones y elecciones que se representan.

1. ¿Qué están haciendo estos niños y niñas en el parque?
2. Observa las distintas señales que hay colocadas en el parque y completa esta tabla en tu cuaderno.

Señal	¿Qué significa?	¿Respetan los niños la prohibición?

3. ¿Crees que los niños están haciendo lo correcto?, ¿qué consecuencias pueden tener sus decisiones? Escríbelo en tu cuaderno.

vocabulario

Alegría. Estado de la persona y emoción que se siente cuando se elige y se realiza lo que es bueno y beneficioso para uno mismo y los demás.

Bondad. Cualidad que inclina al ser humano a hacer el bien y que se expresa en gestos de cariño y cercanía.

smSaviadigital.com
PONTE A PUNTO
Comprueba lo que sabes.

El punto de vista de... Sofía

Los padres de Sofía le han enseñado que siempre hay que hacer el bien, pero ella no está de acuerdo. Ella piensa que algunas veces conviene elegir algunas cosas que no están bien pero que nos ayudan a superar una situación difícil en el colegio o en casa. Dice que si elegimos el bien siempre, algunas personas pueden abusar de nuestra bondad y aprovecharse de nuestra buena voluntad.

Vosotros, ¿qué opináis? ¿Hay que elegir el bien siempre?

Leemos y aprendemos con la Biblia

Elegir bien o mal

En el relato del libro del Génesis leemos que Adán y Eva eligieron desobedecer los mandatos de Dios. Ellos decidieron alejarse de Dios y deben asumir las consecuencias de su opción.

La elección de Adán y Eva

Génesis 3,1-7

La serpiente era más astuta que las demás bestias del campo que el Señor había hecho. Y dijo a la mujer:

—¿Conque Dios os ha dicho que no comáis de ningún árbol del jardín?

La mujer contestó a la serpiente:

—Podemos comer los frutos de los árboles del jardín; pero del fruto del árbol que está en mitad del jardín nos ha dicho Dios: "No comáis de él ni lo toquéis, de lo contrario moriréis".

La serpiente replicó a la mujer:

—No, no moriréis; es que Dios sabe que el día en que comáis de él, se os abrirán los ojos, y seréis como Dios en el conocimiento del bien y el mal.

Entonces la mujer se dio cuenta de que el árbol era bueno de comer, atrayente a los ojos y deseable para lograr inteligencia; así que tomó de su fruto y comió.

Luego se lo dio a su marido, que también comió.

Se les abrieron los ojos a los dos y descubrieron que estaban desnudos; y entrelazaron hojas de higuera y se las ciñeron.

Comprendemos

1 El texto del libro del Génesis y la ilustración narran la elección de Adán y Eva sobre la confianza en Dios. Contesta las preguntas.

- ¿Qué les había prohibido Dios?
- ¿Quién influyó en Adán y Eva para incumplir lo que Dios les había pedido?
- ¿Qué motivo utilizó la serpiente para influir sobre Adán y Eva?

2 Lee con atención el texto y completa en tu cuaderno estas oraciones con las palabras que aparecen en el recuadro.

sabios • desconfiaron • poderosos • alejaron

Adán y Eva querían ser tan .... y .... como Dios.

Adán y Eva .... de Dios y se .... de él.

3 Uno de los personajes que aparece en este texto bíblico es la serpiente. ¿A quién representa? Explícalo en tu cuaderno.

4 ¿Cuál fue la elección que hicieron Adán y Eva? ¿En qué hecho se representa la opción que tomaron?

5 ¿Qué consecuencias tuvo para ellos? Explícalas y escríbelas en tu cuaderno.

6 Adán y Eva representan a toda la humanidad. Por eso la elección que hicieron afecta a todas las personas. Copia en tu cuaderno el mensaje que ofrece el texto bíblico.

Adán y Eva rompieron su amistad con Dios. Con su elección aprendieron que sus opciones tienen consecuencias sobre sus vidas.

QUIÉN ES QUIÉN en el Relato

Serpiente. En la Biblia, es un animal considerado malo e impuro. Representa al mal que atrae a las personas y las lleva a enemistarse con Dios.

smSaviadigital.com
UTILIZA LA BIBLIA
Organiza los párrafos.

Ponte en su **lugar**

Adán y Eva desobedecieron a Dios al comer del fruto del árbol prohibido. Por eso salieron del jardín de Edén. Ellos se marcharon conociendo que había elecciones que era buenas y otras que eran malas. Descubrieron que todas las opciones tienen unas consecuencias. La elección de Adán y Eva les condujo a perder la confianza y la amistad de Dios.

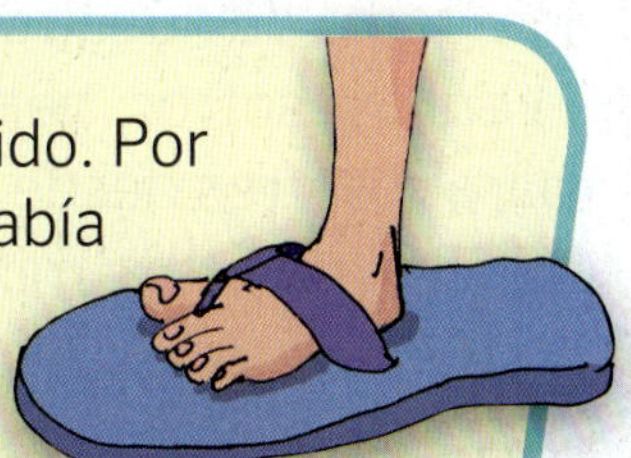

Imagina que haces algo que te han prohibido en casa. Haz una lista en tu cuaderno con las consecuencias que tendría si lo haces.

Comparte tu lista con tu compañero y dialoga sobre ellas.

Los cristianos eligen siguiendo a Jesús

Hay ocasiones en las que las personas despreciamos el amor, enfrentándonos unos con otros. Así nos alejamos de lo que Dios quiere para nosotros. A esta falta de amor es a lo que llamamos pecado.

Las personas nos equivocamos

Adán y Eva desobedecieron a Dios y se alejaron de él. Al tomar esta opción abrieron una puerta por donde entraron el mal y la muerte en el mundo.

El mal no es creación de Dios, es una consecuencia de la libertad y de la responsabilidad de los seres humanos representados en Adán y Eva. Al elegir como personas libres y responsables, ellos escogieron lo que les alejaba de todo lo bueno que Dios había creado y, como consecuencia, descubrieron el mal.

Al elegir, como personas libres y responsables, nos acercamos o nos alejamos de Dios.

Elegimos el bien

Todos los hombres y mujeres han sido creados para ser felices y vivir en armonía con Dios. Los cristianos lo expresan diciendo que todos somos hijos de Dios. Sin embargo, cada persona elige cómo vivir y qué hacer para lograrlo. Todas esas elecciones nos conducen a estar más cerca o más alejados de Dios. Los cristianos para elegir lo bueno cuentan con la ayuda y el modelo de Jesús. "Yo soy el camino, la verdad y la vida" (*Juan 14,6*).

Así Dios demuestra que nunca abandona a las personas sino que les ofrece oportunidades para recuperar su amistad y alcanzar la vida para siempre. Jesús nos enseña a vivir como hijos de Dios y a elegir bien.

Los cristianos contamos con el modelo y la ayuda de Jesús para elegir el bien.

El don de Dios

Las personas hemos sido creadas por Dios y hemos recibido el encargo de cuidar su Creación. Todo es un regalo de Dios. En familia y con los amigos, los cristianos descubren que formamos parte de la familia de Dios. "Mi madre y mis hermanos son estos: los que escuchan la Palabra de Dios y la cumplen" (*Lucas 8,21*).

Cada uno de nuestros comportamientos nos acercan al don de Dios. "Venid vosotros, benditos de mi Padre; heredad el reino preparado para vosotros desde la creación del mundo. Cada vez que lo hicisteis con uno de estos, mis hermanos más pequeños, conmigo lo hicisteis" *(Mateo 25,34.40)*.

Nuestra familia, amigos y entorno son un don de Dios para nuestra felicidad. Al descubrir el regalo que Dios nos ha dado, los cristianos responden a ese don con el agradecimiento, el cuidado de la creación y la elección del bien.

Nuestras familias son un regalo de Dios.

Comprendemos

1. Relaciona las expresiones en tu cuaderno y completa las oraciones.

El pecado nos aleja ●	● asumimos las consecuencias.
Al elegir ●	● para descubrir el don de Dios.
Jesús es un modelo ●	● de lo que Dios quiere.

2. Jesús es un modelo de vida para los cristianos. Dibújale en tu cuaderno y escribe una frase suya citada en la página anterior.
3. ¿Es correcto afirmar que Dios es el creador del mal? ¿Cuál es el origen del mal?
4. Jesús es un modelo de vida para los cristianos. ¿Qué nos enseña Dios a través de su hijo?
5. ¿Cómo responden los cristianos cuando descubren el regalo que Dios les ha dado?

vocabulario

Don. Regalo que el cristiano recibe de Dios para ayudarle a vivir según el modelo de Jesús.

Elegir. Escoger una cosa frente a otra por diferentes razones. Elegir implica ser responsable con las consecuencias y aceptarlas.

Mal. Situación que vive la persona cuando se aleja de Dios y del regalo de la creación.

smSaviadigital.com
APLICA TUS CONOCIMIENTOS
Asocia al perdón.

Testigos

Juan Pablo II

Karol Wojtyla nació en Polonia en 1920. Fue elegido Papa en 1978 y tomó el nombre de Juan Pablo II. Sus iniciativas a favor del diálogo para resolver los conflictos junto a su contribución a la paz y a la reconciliación entre los pueblos le valieron el reconocimiento internacional.

En mayo de 1981, mientras iba en el "papamóvil", el Papa sufrió un atentado. Ali Agca le disparó y tuvo que ser operado de urgencia. Ali fue apresado y condenado a cadena perpetua. Después del tiroteo, el Papa pidió a los cristianos: "Rezar por mi hermano Ali Agca, al cual he perdonado sinceramente". En 1983, Ali Agca y el Papa se vieron en prisión. Tras su encuentro, Ali Agca besó el anillo del Papa.

1. Ali Agca se encontró con el Papa en dos ocasiones. ¿Qué elección hizo en cada caso?
2. Este testigo descubrió que Jesús era un modelo para elegir el bien. ¿Qué eligió el Papa cuando fue a visitar a su agresor, perdonarlo o no?

Recuerda

Completa en tu cuaderno.

Las acciones de las .... nos acercan o nos .... de Dios. El .... de las personas y el de Adán y Eva son un .... al .... de Dios. .

¿Qué he aprendido?

1 Copia y completa en tu cuaderno el siguiente mapa conceptual con las palabras del listado.

agradecidos • elegir • bien • bueno • Jesús • cercanos

Las personas no siempre hacemos las cosas ● ● ● ● ● .

y, por eso,

- Jesús nos enseñó a ● ● ● ● ● lo que es ● ● ● ● ● con sus obras y palabras.
- aprendemos a perdonar y hacer el bien como ● ● ● ● ● .
- los cristianos estamos ● ● ● ● ● y ● ● ● ● ● a Dios.

2 Repasa el relato bíblico y contesta a estas preguntas: ¿Qué eligieron Adán y Eva ante las reglas dadas por Dios? ¿Qué consecuencias tuvo para ellos su elección?

3 Observa la fotografía y contesta.

- ¿Qué ocurre en la imagen?
- ¿Qué te llama más la atención?
- ¿Conoces o has vivido situaciones parecidas?
- ¿Es un comportamiento que hace feliz o infeliz a las personas?
- ¿Qué debería elegir y hacer un cristiano ante esta situación de clase?

4 Sustituye los números por las vocales y descifra el enigma. Cópialo en tu cuaderno.

L1s p2rs4n1s 2l2g3m4s 2st1r c2rc1n4s 4 1l2j1d4s d2 D34s
c4m4 l2s s5c2d34 1 1d1n y 2v1.

5 Lee el relato del libro del Génesis y el apartado *Los cristianos eligen a Dios*. ¿Cuáles son los sentimientos que crees que tuvieron Adán y Eva tras elegir distanciarse de Dios? ¿Cómo se sienten los cristianos cuando eligen el bien y el don de Dios?

Me quedo con...

Pasaporte

Completa tu *Pasaporte* con lo que has aprendido, lo que más te ha gustado y lo que te ha emocionado de esta unidad.

Repaso interactivo

smSaviadigital.com

VALORA LO APRENDIDO

¿Qué has aprendido?

Aprender más
Leemos

El pingüino y el canguro
Pedro Pablo Sacristán
www.cuentosparadormir.com
- Adaptación -

El pingüino y el canguro

Había una vez un canguro que ganaba casi todas las carreras. Por ese motivo, se había vuelto tan vanidoso y arrogante que solía burlarse de un pingüino por su lentitud al caminar.

Un buen día se organizó una carrera. La carrera consistía en cruzar la cima de la montaña lo más rápido posible.

El astuto zorro había apostado por el pingüino. Esto enfadó tanto al vanidoso canguro, que se burló todavía más cruelmente del pingüino.

Pero cuando llegaron a la salida, vieron que la montaña estaba rodeada de un enorme y profundo lago.

Dieron la salida, y el pingüino emocionado corrió torpemente hasta la orilla. Cuando se metió en el agua, su velocidad fue tan grande que atravesó la cima enseguida mientras que el canguro apenas había comenzado a nadar. El canguro se sentía humillado. La rabia brillaba en sus ojos, porque pensaba en las burlas del pingüino cuando llegara a la otra orilla.

Sin embargo, el pingüino no solo no se rio de él, sino que se ofreció a enseñarle a nadar. Aquel día todos se divirtieron de lo lindo jugando en el lago.

1. ¿Por qué se burlaba el canguro del pingüino?
2. ¿Has visto situaciones de burla parecidas en tu clase? Describe alguna.
3. ¿Cómo piensas que se sentía el pingüino ante las burlas del canguro?
4. ¿De qué manera el pingüino eligió hacer el bien al canguro?
5. ¿Qué consecuencia tuvo que el pingüino eligiera hacer el bien?

Aprender más
Contemplamos

Observa con atención este fresco. Se encuentra en la bóveda de la Capilla Sixtina en El Vaticano.

Miguel Ángel fue el pintor que realizó esta obra maestra.

MIGUEL ÁNGEL,
Pecado original y expulsión del Paraíso terrenal

El artista que realizó esta obra quiso mostrar en un mismo cuadro dos escenas que vivieron Adán y Eva.

1. ¿Qué dos momentos de su vida se representan?
2. Busca en los primeros capítulos del libro del Génesis las citas bíblicas donde se narran esos acontecimientos y escríbelas.
3. Los protagonistas de ambas escenas son Adán y Eva pero Miguel Ángel quiso representar que son distintos de una escena a otra. Fíjate bien y describe las diferencias que encuentras entre los cuerpos.
4. Busca información sobre las dimensiones del Templo de Jerusalén siguiendo las indicaciones del apartado *Sabías que...* Averigua cuáles son la longitud y la anchura de la Capilla Sixtina.
5. Además de Adán y Eva, en el fresco aparecen otros dos personajes. Lee las citas bíblicas que has usado para responder la actividad 2 y contesta. ¿Quiénes son? ¿Cómo están representados cada uno de ellos?

Sabías que...

El papa Sixto IV encargó esta capilla que desde entonces es conocida como la Capilla Sixtina. Tiene las mismas medidas que el Templo de Jerusalén según se detallan en la Biblia (*1 Re 6,12-36*).

Miguel Ángel tardó cuatro años en pintar la bóveda desde 1508 hasta 1512. A lo largo del espacio abovedado pintó nueve escenas del libro del Génesis desde la creación hasta la nueva creación tras el diluvio.

Exprésate

Rubén te propone realizar un mural inspirado en el pecado y la expulsión de Adán y Eva.

Formar grupos de cuatro. Dividir una cartulina en dos: la parte de la izquierda va a ser la zona de la elección y la juventud; la de la derecha será la zona de las consecuencias y la vejez.

Buscar noticias en periódicos o revistas sobre las opciones que toman las personas en sus vidas.

Pegar las noticias en la zona izquierda y dibujar las consecuencias que creeis tienen esas elecciones que las personas han tomado en la zona derecha del mural.

Aprender más
Investigamos

Marcos ha asistido a un taller de resolución de conflictos en el colegio. Allí ha aprendido que un conflicto es algo natural y que no tiene por qué acabar en una pelea. Eso sí, hay unas formas mejores que otras para resolverlo.

Lee atentamente los pasos que Marcos aprendió para resolver conflictos. A continuación, te proponemos dos conflictos para que, en grupos, apliquéis los cinco pasos que Marcos ha resumido en las pistas.

1. Un compañero con el que no tienes mucha relación te deja la consola un rato. Mientras estás jugando, alguien te empuja sin querer, con tan mala suerte que la consola se te cae al suelo y se estropea. No sabes qué hacer. Piensas que no ha sido culpa tuya, pero temes que el compañero que te lo ha dejado se enfade contigo. ¿Cómo actuarías en este caso?
2. Cuando Inma llega a casa le gusta jugar y ver la tele. Siempre deja los deberes para después, por lo que no le suele dar tiempo a acabarlos. Un día, llega a casa con un juego nuevo. Quiere probarlo, pero sus padres le dicen que primero tiene que hacer los deberes. A Inma le parece injusto que sus padres no entiendan la ilusión que le hace el nuevo juego, pero también entiende sus razones. ¿Cómo crees que se podría solucionar?

Pistas para la investigación...

En el taller, Marcos ha aprendido una técnica en cinco pasos que puede ayudar a resolver conflictos.

- **Paso 1.** Describir el problema: qué es lo que pasó, cuándo, dónde y cómo.
- **Paso 2.** Averiguar las causas del problema sin buscar culpables.
- **Paso 3.** Valorar las emociones que ha podido originar el conflicto y las que se han producido después.
- **Paso 4.** Proponer cuatro soluciones e imaginar lo que pasaría al elegir cada una de ellas.
- **Paso 5.** Elegir la solución que se considere más adecuada.

smSaviadigital.com
CONTEMPLA E INVESTIGA
Soluciona el conflicto.

Taller

Hoy la clase se va a convertir en la redacción de un periódico.

- Por grupos, investigar un conflicto ocurrido en el colegio.
- Redactar la noticia y escoger un titular atrayente.
- La información debe responder a estas preguntas: ¿Qué pasó? ¿Cuándo? ¿Cómo? ¿Dónde? ¿Por qué? ¿Quién?

3 Dios siempre acompaña

Desde que nacemos vivimos acompañados. Por eso, conocemos el valor del cuidado y la ayuda que nos dan otras personas. En esta unidad, vamos a reconocer la compañía y la ayuda que Dios presta siempre.

Empezamos

Observa el dibujo de la página anterior. Fíjate bien en todos los detalles. Después, contesta en tu cuaderno las siguientes preguntas.

1. ¿Tienen todas las personas la misma edad? ¿Quiénes cuidan de quién? ¿Por qué?
2. ¿Podrían ir a esa excursión los niños solos? ¿Por qué?
3. ¿Qué niños tienen problemas? ¿Qué le pasa?
4. ¿Cómo crees que les animan a seguir adelante sin temor? ¿Qué les dirán?
5. ¿Cuál de las siguientes palabras describe una actitud que no debemos tener con las personas que nos cuidan?

   gratitud • exigencia • colaboración • obediencia • respeto

6. Haz una lista de las cosas que crees que necesitas llevar para ir de ruta por el campo.
7. Copia en tu cuaderno las palabras del recuadro que indican los sentimientos que tienes cuando estás acompañado.

   seguridad • inquietud • confianza • miedo
   tranquilidad • soledad

vocabulario

Acompañar. Estar cerca de alguien, participar de sus sentimientos, apoyarle y ayudarle.

Seguridad. Estar convencido de poder confiar en las personas que me acompañan y me protegen.

smSaviadigital.com
PONTE A PUNTO
Comprueba lo que sabes.

El punto de vista de... Sofía

Sofía estuvo de campamento durante el verano. Pero el día antes de irse, discutió con su madre. Como no le cabía todo en la mochila, su madre le dijo que de la lista de cosas que llevaba debía dejar dos. Sofía, a regañadientes, dejó estas:

cantimplora · ~~consola~~ · tiritas

gorra · osito de peluche · ~~chuches~~

Cuando regresó, Sofía contó a su madre que utilizó todas las cosas que llevó y que no echó de menos las que dejó.

Piensa y contesta: ¿Por qué contó Sofía eso a su madre?

Leemos y aprendemos con la Biblia

Dios nunca abandona a su pueblo

El pueblo de Dios estuvo esclavizado en Egipto durante mucho tiempo, hasta que Dios escuchó su sufrimiento y lo liberó con la ayuda de Moisés. Luego, los guio a través del mar Rojo y del desierto.

Dios acompañó a su pueblo por el desierto *Éxodo 16-17*

Los israelitas cruzaron el mar Rojo y llegaron al desierto. Durante cuarenta años, caminaron por él hacia la tierra prometida. Moisés los guiaba y Dios los acompañaba.

Al mes y medio de huir del faraón y sus ejércitos, el pueblo empezó a protestar contra Moisés diciendo: "En Egipto éramos esclavos, pero teníamos las ollas llenas. Nos has sacado de Egipto para hacernos morir de hambre".

Dios dijo a Moisés: "He oído las protestas de los israelitas. Voy a hacer que llueva pan del cielo para que coman y se sacien".

Así sucedió. Por la mañana había una capa de rocío. Cuando se evaporó el rocío, aparecieron unos granos menudos y finos parecidos a la escarcha.

Moisés dijo a todos: "Este es el pan que Dios os da como alimento. Que cada uno coja lo que necesite comer".

Los israelitas llamaron a esta comida maná. Era blanca y sabía a galletas de miel.

En otra ocasión, no encontraban agua para beber. Entonces, Moisés pidió ayuda al Señor. Dios le contestó: "Toma tu bastón y golpea la roca que yo te indique".

Moisés así lo hizo, y brotó tanta agua que se pudieron saciar su sed todo el pueblo y los ganados.

De esta forma, el pueblo comprobó una vez más que Dios siempre le acompañaba.

Comprendemos

1. Ordena en tu cuaderno las siguientes acciones según el relato de la página anterior.
   - Dios les ayudó a escapar atravesando el mar Rojo.
   - Dios escuchó el sufrimiento de su pueblo.
   - El pueblo de Dios estaba esclavizado en Egipto.
   - Dios los liberó por medio de Moisés.

2. Completa la siguiente tabla en tu cuaderno con lo que hizo Dios para evitar el sufrimiento de su pueblo.

EL PUEBLO DE DIOS	¿CÓMO ACTUÓ DIOS?
Estaba esclavizado	••••••••••
Estaba hambriento	••••••••••
Estaba sediento	••••••••••

3. ¿Cómo se llamaba la comida que Dios envió a su pueblo? ¿Qué sabor tenía?

4. Contesta en tu cuaderno las siguientes adivinanzas sobre los lugares que atravesaron los israelitas cuando fueron liberados del poder del faraón y salieron de Egipto.

Amarillo y arenoso suele
aparecer, porque el sol
abrasa con tal acierto que
a la flor le cuesta florecer,
te hablo del •••••

¡Sorpresa, no es azul!
¡Ándate con ojo!,
te hablo del mar
•••••

5. Con la ayuda del profesor elegir algún pasaje de la historia de Moisés del libro del Éxodo y explicarla con vuestras palabras al resto de la clase.

smSaviadigital.com
UTILIZA LA BIBLIA
Completas las frases.

vocabulario

Éxodo. Salida, liberación. Emigración de un pueblo o de multitud de personas.

Éxodo. Es el libro segundo de la Biblia que cuenta el éxodo de Israel en Egipto.

QUIÉN ES QUIÉN en el Relato

Israelitas. Descendientes de Abrahán. También se les conoce con el nombre de hebreos o judíos. Forman el pueblo elegido por Dios, el antiguo Israel.

Moisés. Israelita elegido por Dios para liberar a su pueblo de la esclavitud de Egipto. Moisés habló con Dios cara a cara como con un amigo.

Ponte en su lugar

Moisés fue una gran persona porque ayudó a su pueblo. Nosotros también podemos parecernos a él en algunos momentos al ayudar a los demás.

Piensa y escribe en tu cuaderno lo que harías ante estas situaciones:

En las fuentes del patio no sale agua.

Un compañero se ha olvidado la merienda para el recreo.

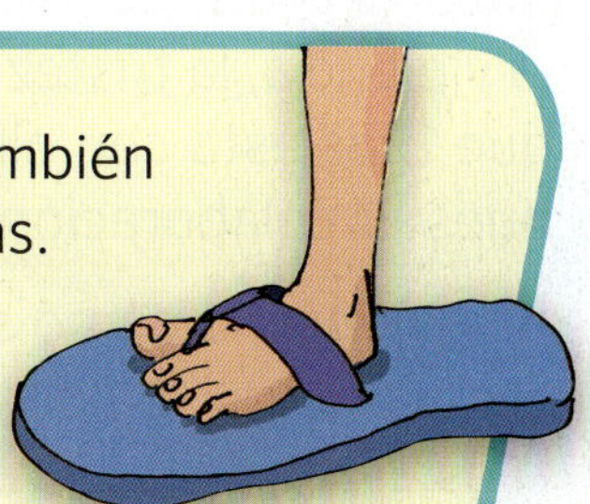

Los cristianos estamos acompañados por Dios

Desde el comienzo de la creación, Dios cuida de todos los seres. Todo lo que ha hecho Dios en este tiempo para cuidarnos y ayudarnos se llama **historia de la salvación**. Un capítulo de esta historia de la salvación es cuando Dios envió a Moisés para liberar a los israelitas de la esclavitud. Pero la acción más importante de esta historia es cuando Dios envió a Jesús, su Hijo, para salvar a toda la humanidad.

Dios nos acompaña siempre a través de Jesús y de las personas que nos quieren y nos ayudan.

Dios quiere que vivamos siempre felices.

Un Dios que cuida y salva

El libro del **Éxodo** nos cuenta la liberación de Egipto y la alianza de Dios con su pueblo. Este libro nos demuestra en sus relatos tres cosas muy importantes sobre Dios:

- Dios nos quiere, nos escucha y nunca nos deja solos.
- Dios quiere que vivamos felices, no quiere el sufrimiento ni el dolor de las personas.
- Dios interviene en la historia de la humanidad a través de las personas que colaboran para salvarnos.

Dios nos quiere tanto que envió a su Hijo para salvarnos.

Jesús, el enviado de Dios

Los cristianos creemos que Dios nos acompaña siempre, igual que hizo con el pueblo de Israel. Por eso, nos envió a su Hijo Jesús para salvarnos, liberarnos y hacernos más felices.

Ahora, **Dios está con nosotros** por medio de Jesús, y también en las personas que, a lo largo de nuestra vida, nos quieren, nos guían y nos protegen.

En la Iglesia, nuevo pueblo de Dios, los creyentes entran en comunión con Cristo por medio de los sacramentos.

Los cristianos colaboramos con Dios

Confiar en Dios es dejarse amar por él, acoger su salvación y colaborar con ella. Pero, ¿cómo podemos colaborar con Dios?

Hemos sido creados a imagen y semejanza de Dios, de ahí que todo ser humano debe vivir y ser tratado de acuerdo a su dignidad. A nuestro alrededor, vemos a personas que sufren debido al egoísmo, la violencia, la tristeza, la pobreza... Para que esas personas sientan que Dios está con ellas y vean respetada su dignidad es necesaria nuestra colaboración para aliviar su sufrimiento.

Jesús enseña cómo se puede ayudar a los que sufren maltrato en su dignidad y, de esta forma, **colaborar** con el plan de salvación de Dios.

Jesús nos enseña a colaborar con Dios en su plan de salvación.

Comprendemos

1. ¿Qué nos enseña el libro del Éxodo sobre Dios?
2. ¿Qué persona fue fundamental para salvar al pueblo de Israel? ¿Y para salvar a la humanidad?
3. ¿Cómo sabemos que Dios está con nosotros?
4. Contesta en tu cuaderno. ¿Cómo podemos colaborar con Dios en su plan de salvación? Pon un ejemplo.
5. Ordena los siguientes personajes de más antiguo a más actual en la historia de salvación.

Jesús • Abrahán • Moisés • cristianos

vocabulario

Historia de salvación. Conjunto de acciones realizadas por Dios a favor de la humanidad.

smSaviadigital.com
APLICA TUS CONOCIMIENTOS
Colaborar con Dios.

Testigos

Corazón Aquino (1933-2009)

Corazón Aquino y su marido trabajaban para que los habitantes de Filipinas, su país, tuvieran trabajo, casa y educación. Cuando su marido fue asesinado por trabajar por su pueblo, ella se presentó a las elecciones para ser presidenta de Filipinas. Finalmente, fue elegida por el pueblo para gobernar, y comenzó enseguida a luchar contra las injusticias y la pobreza.

Sin embargo, grupos armados que no querían justicia amenazaron a Corazón Aquino. La presidenta se enfrentó de manera pacífica a ellos uniendo a todas las personas y asociaciones del país que deseaban la paz y la justicia.

Corazón Aquino también fue madre de cinco hijos a los que enseñó a vivir al estilo de Jesús.

Tras su muerte, el papa Benedicto XVI reconoció la valentía que había demostrado Corazón Aquino en la difícil tarea de defender los derechos de su pueblo.

1. ¿Qué quería conseguir Corazón Aquino para su pueblo?
2. ¿Crees que en el mundo, en los diferentes países, son necesarias personas como Cory Aquino? ¿Por qué?

Recuerda

Completa en tu cuaderno.

Dios interviene en la historia mediante* .... *que* .... *con su plan de salvación.

Los* .... *confiamos en Dios y Dios nos* .... *siempre.

¿Qué he aprendido?

1 Copia y completa en tu cuaderno el siguiente mapa conceptual utilizando las palabras indicadas.

humanidad • pueblo de Dios • Jesús • Moisés • personas

Las personas necesitamos salvación → Dios acompaña y salva

- al ● ● ● ● ● .... en el Éxodo
  - por medio de → ● ● ● ● ● ....
- a toda la ● ● ● ● ● ....
  - por medio de → ● ● ● ● ● ....
- a cada uno de nosotros
  - con la colaboración de → las ● ● ● ● ● .... que nos quieren, nos guían y nos protegen.

2 Localiza y escribe en tu cuaderno diez acciones para colaborar con Dios.

C	P	H	E	S	C	U	C	H	A	R
O	R	E	D	A	U	M	N	A	B	D
M	O	U	A	L	I	B	E	R	A	R
P	T	M	U	P	D	Z	O	S	Y	Ñ
A	E	S	E	Ñ	A	R	T	A	U	I
R	G	B	A	R	R	X	W	L	D	S
T	E	N	S	E	Ñ	A	R	V	A	A
I	R	D	U	A	P	O	Y	A	R	J
R	M	Z	A	C	U	R	A	R	I	E

3 Escribe en tu cuaderno esta frase después de descifrar el código.

D✺os qu✺☺r☺ qu☺ v✺v♥mos f☺l✺c☺s.

Me quedo con...

Pasaporte

Completa tu *Pasaporte* con lo que has aprendido, lo que más te ha gustado y lo que te ha emocionado de esta unidad.

Repaso interactivo

smSaviadigital.com

VALORA LO APRENDIDO

¿Qué has aprendido?

El niño que calmó la sed de África
Gabriela Picasso
- Adaptación -

Diez pasos

Ryan los había contado bien. Diez pasos, esa era la distancia que había entre la puerta del aula de su clase de primero de Primaria hasta la fuente del pasillo. Una cuenta tan fácil que cabía en los dedos de las manos de un chico de seis años. Pero, ese día, sus dedos no le alcanzaban para hacer otra cuenta. La maestra acababa de contarles que en África muchos chicos debían caminar cinco kilómetros para conseguir agua.

"¿Cuántos pasos son cinco kilómetros?", preguntó. "Siete mil", le contestó la maestra.

¡Siete mil! Un número gigante, tan enorme que ni siquiera eran suficientes los dedos de todos los chicos de su clase ni de todos los del colegio. Eran demasiados pasos para alcanzar algo tan necesario como el agua, algo que él tenía a tan solo diez pasos.

Entonces, Ryan regresó a su casa con un sueño: que ningún niño en el mundo tuviera que caminar más de diez pasos para calmar su sed. Y desde ese instante, jamás dejó de soñar. Era el mes de enero del año 1998.

La maestra dijo que se necesitaban setenta dólares para excavar un pozo. Al llegar a casa, pidió ese dinero a sus padres, pero se negaron a dárselo. Sus padres pensaban que seguramente se le olvidaría pronto. Pero no fue así. Ryan insistió durante toda la semana. Así que sus padres le propusieron que se ganara los setenta dólares haciendo tareas en el hogar.

Durante cuatro meses ordenó su cuarto, hizo recados, pasó la aspiradora, tiró la basura y paseó a su perro. Estaba dispuesto a todo con tal de ahorrar.

Llegó a los setenta dólares, pero le informaron que no era suficiente, que se necesitaba mucho más. A Ryan, entonces, se le ocurrió compartir su sueño con más gente. Con ayuda de su familia, Ryan pronunció su primer discurso ante público con siete años: "Solo soy un niño con un sueño: llevar agua a los que no la tienen". Y todos le apoyaron.

Ahora, de mayor, sigue trabajando para que todos los niños tengan agua a diez pasos.

www.e-sm.net/k1_pozos

1. ¿Qué problema tienen muchos niños en África? ¿Cómo lo descubrió Ryan?
2. ¿Se desanimó ante las dificultades para conseguir pozos? ¿Qué hizo?

Aprender más
Contemplamos

ERNEST DESCALS, *El Éxodo*

Observa el cuadro. Es un dibujo sencillo, pero da mucha información.

1. ¿Qué es lo que más te llama la atención?
2. A primera vista, ¿qué crees que representa?
3. Si se nos dice que es una escena del Éxodo, ¿sabes decir qué escena se representa?
4. ¿De dónde parte y hasta dónde llega la línea roja? ¿Qué piensas que puede representar?
5. **El pintor destaca** a uno de los personajes al dibujarlo con un tamaño mayor y con una luz más blanca . ¿Qué lleva este personaje en su mano? ¿Quién crees que es?

Sabías que...

El libro del **Éxodo** nos cuenta que el pueblo de Israel seguía por el día a una nube, y durante la noche a una columna de fuego. Tanto la nube como la columna de fuego eran la presencia de Dios, que acompañaba, protegía y guiaba a su pueblo.

Un **cayado** es un palo largo que utilizan los pastores para guiar al ganado. También lo llevan personas que gobiernan, el cayado simboliza su autoridad.

smSaviadigital.com
CONTEMPLA E INVESTIGA El paisaje del Éxodo.

Exprésate

Rubén ha disfrutado al conocer cómo Dios protegió a su pueblo cuando atravesó el desierto.

Ahora nos propone representar lo que nos cuenta el libro del Éxodo de una manera sencilla y divertida.

Sobre una bandeja de cartón, extender arena fina o sal.

Con la punta de un lápiz, trazar los dibujos que queráis representar. Podéis completarlo con pequeñas piedras o algún otro objeto.

Aprender más
Investigamos

Dios propuso al pueblo de Israel iniciar un éxodo: huir de la esclavitud y buscar un lugar donde pudieran vivir.

Hoy día también hay éxodos. Muchas personas se ven obligadas a salir de su tierra para huir de desastres naturales, guerras o hambrunas. Marcos piensa en el sufrimiento de esas personas, y ha decidido investigar alguno de estos éxodos actuales.

1. Lee la experiencia de un niño que se vio forzado a huir.

   La guerra me asusta y a mí no me gusta. Me da mucho miedo. Mi mamá le decía a mi abuelita que nos fuéramos, mi abuelita decía que no. Hasta que un día le dio miedo a mi abuelita y entonces mi mamá le dijo que nos fuéramos. Un día, mi hermana se desmayó de tanto miedo que tenía, le dieron un vaso con agua y la llevamos al médico. Después nos fuimos.

2. ¿Qué sentimiento es el que más nombra este niño en su relato?
3. ¿Por qué tienen que abandonar muchas personas sus hogares?
4. Relaciona en tu cuaderno.

Desplazados	•	•	Tienen que abandonar su país.
Refugiados	•	•	Se tienen que ir a otro lugar dentro de su país.

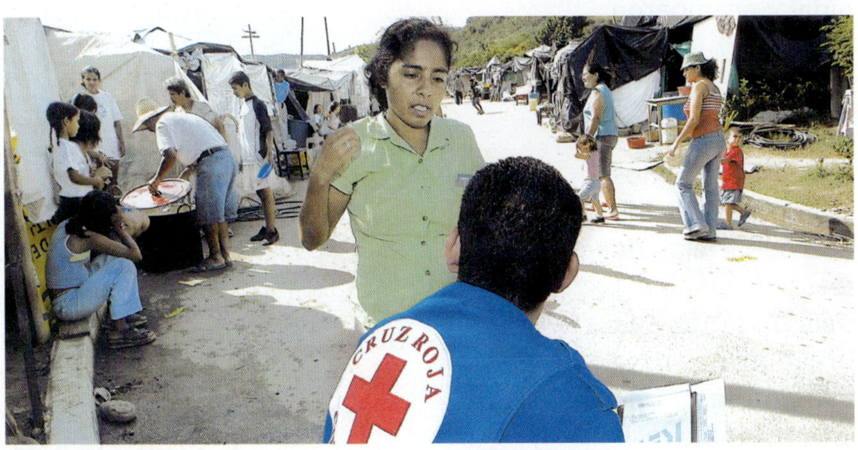

Pistas para la investigación...

Desplazados. Personas que tienen que abandonar sus hogares y van a vivir a otro lugar de su país.

Refugiados. Personas que tienen que abandonar su país y no pueden volver.

¿Por qué hay **refugiados** y **desplazados**?

- Porque se les persigue por su religión, su raza, o por sus ideas políticas.
- Porque personas poderosas quieren quitarles su tierra para enriquecerse.
- Por causa de desastres naturales como las sequías, los huracanes, las inundaciones, etc.
- Porque estallan guerras y peligran sus vidas.

Taller

A veces, los refugiados viven en campamentos situados cerca de las fronteras del país del que han tenido que escapar.

Buscar información sobre algún campamento de refugiados.

Escribir en grupo una carta dirigida a los niños de vuestra edad que estén en ese campamento.

ÁLBUM

ALIANZA Y COMPROMISO

El libro del Éxodo nos cuenta una parte importante del pasado del pueblo de Dios. En el leemos cómo Dios eligió a Moisés para liberar a los israelitas de la esclavitud de Egipto y establecer una Alianza con el pueblo.

ETAPAS DE LA ALIANZA

1 **Dios eligió a Moisés**

Un día, Moisés conducía su rebaño por el desierto. Llegó a un lugar, el **monte Horeb**. Allí se le apareció Dios en forma de zarza ardiendo que no se consumía.

Éxodo 3,1-2

2 **El faraón no escuchó a Moisés ni quiso dejar marchar al pueblo de Dios.**

El Señor convirtió el polvo de la tierra en una plaga de mosquitos sobre **Egipto**.

Éxodo 8,13

Dios establece una Alianza con su pueblo

A los tres meses de salir de la tierra de Egipto, aquel día, los hijos de Israel llegaron al desierto del Sinaí. Salieron de Refidín, llegaron al desierto del Sinaí y acamparon allí, frente a la montaña.

Moisés subió hacia Dios. El Señor lo llamó desde la montaña diciendo:

–Así dirás a la casa de Jacob y esto anunciarás a los hijos de Israel: «Vosotros habéis visto lo que he hecho con los egipcios y cómo os he llevado sobre alas de águila y os he traído a mí. Ahora, pues, si de veras me obedecéis y guardáis mi alianza, seréis mi propiedad personal entre todos los pueblos, porque mía es toda la tierra. Seréis para mí un reino de sacerdotes y una nación santa». Estas son las palabras que has de decir a los hijos de Israel.

Fue, pues, Moisés, convocó a los ancianos del pueblo y les expuso todo lo que el Señor le había mandado. Todo el pueblo, a una, respondió:

–Haremos todo cuanto ha dicho el Señor.

Éxodo 19,1-7

El don de los mandamientos de la ley forma parte de la **Alianza** sellada por Dios con los suyos. Según el libro del Éxodo, la revelación de las "**diez palabras**" es concedida entre la proposición de la Alianza (cf Ex 19) y su ratificación (cf Ex 24), después de que el pueblo se comprometió a "hacer" todo lo que el Señor había dicho y a "obedecerlo" (Ex 24, 7).

Catecismo de la Iglesia Católica, n.º 2060

3 Dios acompañó a su pueblo por el *desierto del Sinaí*

El Señor por el día iba delante de los israelitas como una columna de nubes para marcarles el camino.

Éxodo 13, 21

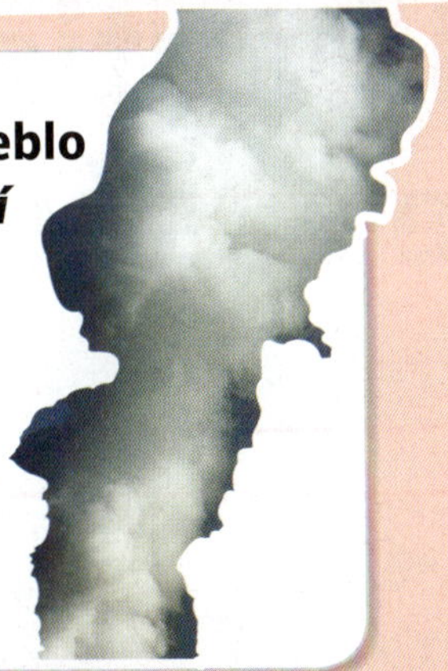

4 El pueblo de Dios cruzó el *mar Rojo*

Los israelitas entraron en medio del mar como tierra seca, mientras las aguas formaban una especie de muralla a los dos lados.

Éxodo 14,22

5 El pueblo tiene sed

El pueblo llevaba tres días caminando sin agua cuando llegaron a **Mará**, pero no pudieron beber porque sus aguas eran amargas. Moisés pidió ayuda al Señor y este le mostró un arbusto para que lo echara a las aguas y se volvieran dulces.

Éxodo 15,23-25

6 Dios habla con Moisés

Dios habla con Moisés Moisés subió al **monte Sinaí** y Dios le dio los diez mandamientos. Cuando Moisés regresó del monte, explicó a su pueblo lo que el Señor le había dicho y todo el pueblo respondió: "Nosotros haremos lo que el Señor ha dicho".

La Alianza se concreta en un Decálogo (10 mandamientos)

El Señor pronunció estas palabras:

–Yo soy el Señor, tu Dios, que te saqué de la tierra de Egipto, de la casa de esclavitud.

No tendrás otros dioses frente a mí.

No te fabricarás ídolos, ni figura alguna de lo que hay arriba en el cielo, abajo en la tierra, o en el agua debajo de la tierra.

No te postrarás ante ellos, ni les darás culto; porque yo, el Señor, tu Dios, soy un Dios celoso, que castigo el pecado de los padres en los hijos, hasta la tercera y la cuarta generación de los que me odian. Pero tengo misericordia por mil generaciones de los que me aman y guardan mis preceptos.

No pronunciarás el nombre del Señor, tu Dios, en falso. Porque no dejará el Señor impune a quien pronuncie su nombre en falso.

Recuerda el día del sábado para santificarlo. Durante seis días trabajarás y harás todas tus tareas, pero el día séptimo es día de descanso, consagrado al Señor, tu Dios. No harás trabajo alguno, ni tú, ni tu hijo, ni tu hija, ni tu esclavo, ni tu esclava, ni tu ganado, ni el emigrante que reside en tus ciudades. Porque en seis días hizo el Señor el cielo, la tierra, el mar y lo que hay en ellos; y el séptimo día descansó. Por eso bendijo el Señor el sábado y lo santificó.

Honra a tu padre y a tu madre, para que se prolonguen tus días en la tierra, que el Señor, tu Dios, te va a dar.

No matarás.

No cometerás adulterio.

No robarás.

No darás falso testimonio contra tu prójimo.

No codiciarás los bienes de tu prójimo. No codiciarás la mujer de tu prójimo, ni su esclavo, ni su esclava, ni su buey, ni su asno, ni nada que sea de tu prójimo.

Éxodo 20,1-17

4 El bautismo de Jesús

El agua es indispensable para la vida. Esta realidad nos asombra y las distintas formas que tiene el agua en la naturaleza son motivo de admiración. Si miramos alrededor, descubrimos su presencia en todo lo que nos rodea.

Empezamos

Observa el dibujo, fíjate en las diferentes formas del agua en la naturaleza y en los distintos usos que le damos en la vida cotidiana.

1. Identifica los diferentes usos del agua que veas en la ilustración.
2. ¿Qué seres vivos de los que aparecen necesitan el agua para vivir? Escribe en tu cuaderno cómo la utiliza cada uno de ellos.
3. El agua provoca en las personas sentimientos de admiración y de felicidad. Piensa cuándo y por qué el agua causa esas emociones.
4. Fíjate en el dibujo. ¿Qué pasaría si no hubiese agua? ¿Crees que se podría sustituir el agua por otro elemento? ¿Por cuál?
5. Relaciona las distintas utilidades que tiene el agua con la función que tiene para los seres humanos.

Utilidad	Función
Lavar las manos	Salud
Generar energía eléctrica	Limpieza
Regar el jardín	Dar vida
Limpiar la casa	Hacer funcionar los electrodomésticos

6. Haz una lista en tu cuaderno de los diferentes usos que haces del agua.

vocabulario

Admiración. Sentimiento de amor, ternura y cariño que tenemos hacia alguien que nos atrae por sus cualidades.

Felicidad. Sensación que se tiene cuando algo nos gusta mucho o nos produce mucho placer.

smSaviadigital.com
PONTE A PUNTO
Comprueba lo que sabes.

El punto de vista de... Sofía

En el colegio han explicado que el agua es fundamental en el cuerpo de las personas. Sofía recuerda un símil que dijo el profesor de Ciencias de la Naturaleza: si dividiésemos a una persona en diez partes, siete serían agua.

Fíjate en estas fotografías y comenta con tus compañeros por qué es fundamental el agua para los seres vivos.

Leemos y aprendemos con la Biblia

Jesús se bautizó en el río Jordán

En el bautismo, Jesús es "ungido como Mesías". Aquí empieza su misión pública y se da a conocer al pueblo.

El bautismo de Jesús

Mateo 3,13-17

Por entonces viene Jesús desde Galilea al Jordán y se presenta a Juan para que lo bautice.

Pero Juan intentaba disuadirlo diciéndole:

—Soy yo el que necesito que tú me bautices, ¿y tú acudes a mí?

Jesús le contestó:

—Déjalo ahora. Conviene que así cumplamos toda justicia.

Entonces Juan se lo permitió. Apenas se bautizó Jesús, salió del agua; se abrieron los cielos y vio que el Espíritu de Dios bajaba como una paloma y se posaba sobre él.

Y vino una voz de los cielos que decía:

—Este es mi Hijo amado, en quien me complazco.

Comprendemos

Lee con atención el relato bíblico de la página anterior y responde en tu cuaderno

1. Contesta.
   - ¿A dónde se dirigía Jesús?
   - ¿A quién encontró al llegar a ese lugar?
   - ¿Qué es lo que pide Jesús a Juan?
   - ¿Qué rito practicó Juan sobre Jesús?
   - ¿En qué consistía ese ritual? Observa la ilustración y descríbelo.
2. ¿Qué sucedió tras bautizarse Jesús?
3. Al final del relato aparece una revelación de Dios. Completa la tabla con las frases del relato que se refieren a cada una de las personas de la Trinidad.

	Versículos del relato donde aparecen
Dios Padre	
Dios Hijo	
Dios Espíritu Santo	

4. Entre Juan y Jesús aparece un problema al inicio del relato. Vamos a intentar comprenderlo con las respuestas a estas preguntas.
   - ¿Qué petición hace Jesús y no quiere cumplir Juan?
   - ¿Qué razones da Juan para rechazar lo que le pide Jesús?
   - ¿Cómo crees que se consideraba Juan, más o menos que Jesús?
   - ¿Por qué Juan accede y Jesús se bautiza?
5. El elemento fundamental que se utiliza en el rito del bautismo es el agua. Piensa en lo estudiado al inicio de esta unidad y contesta. ¿Qué función cumple el agua en este uso religioso que Juan practica al bautizar?

vocabulario

Bautizar. Acción de purificarse por medio del agua. Juan usó este rito para convertir y preparar la llegada del Mesías.

Espíritu de Dios. Tercera persona de la Trinidad. Fuerza de Dios que actúa y unge a Jesús para anunciar el reino de Dios.

Hijo amado. Título que recibe Jesús. Indica su especial relación con Dios y es motivo de bendición y alegría.

QUÉ ES QUÉ en el Relato

Galilea. Región del norte de Palestina donde Jesús vivió su infancia y desarrolló la mayor parte de su vida pública.

Jordán. Río que atraviesa Palestina de norte a sur. En sus riberas, Juan Bautista predicaba y bautizaba.

smSaviadigital.com

UTILIZA LA BIBLIA

Completas las frases.

Ponte en su lugar

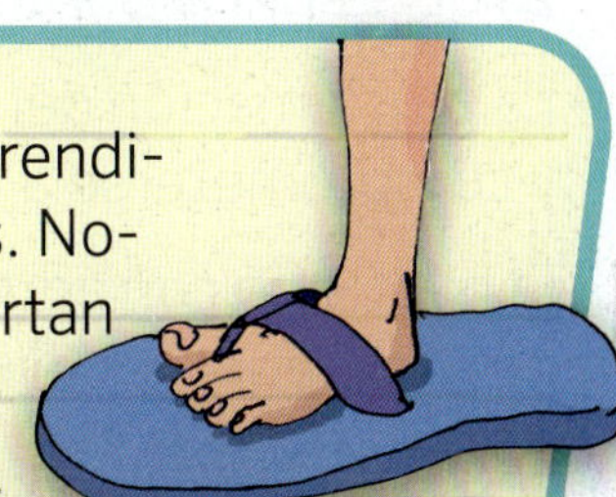

Las personas que estaban a la orilla del río Jordán se quedaron sorprendidas y llenas de alegría al ver lo que sucedía tras el bautismo de Jesús. Nosotros cada día podemos encontrarnos con situaciones que despiertan esas mismas emociones.

Piensa en un acontecimiento que hayas presenciando y donde hayas experimentado esas sensaciones de sorpresa, admiración y felicidad.

Describe en tu cuaderno qué situación era y por qué te impresionó.

Comparte esa experiencia con tus compañeros y elaborad un mural donde aparezcan resumidas.

Los cristianos somos hijos de Dios

En el río Jordán, Jesús se encontró a Juan, el hijo de Isabel y Zacarías. Juan bautizaba a todos para lograr la conversión y preparar la llegada del Mesías. Cuando Juan ve a Jesús se sorprende porque le reconoce como al Mesías. Sin embargo Jesús le pide que le bautice porque eso es lo que Dios quiere.

El inicio de la vida pública

Jesús inició con su bautismo su vida pública. Fue la primera vez en la que se mostró después vivir en Nazaret. En ese tiempo, Jesús anuncia la buena noticia del reino de Dios. Esa es su misión. Él la presenta a todos al volver a Nazaret tras su bautismo y las tentaciones.

> El Espíritu del Señor está sobre mí, porque él me ha ungido. Me ha enviado a evangelizar a los pobres, a proclamar a los cautivos la libertad, y a los ciegos, la vista; a poner en libertad a los oprimidos; a proclamar el año de gracia del Señor. *(Lucas 4,18-19)*

El bautismo de Jesús fue el primer momento de su vida pública.

La vida de Jesús tras su bautismo

Los evangelios narran dos hechos después del bautismo de Jesús.

- El Espíritu Santo desciende sobre Jesús en forma visible, como una paloma.
- El Padre dice que Jesús es su Hijo amado en quien se complace.

Ambos signos confirman que la misión de Jesús procede de Dios y que Dios está con él. Después del bautismo, la relación filial con Dios va a marcar su misión a lo largo de su vida pública.

La misión de Jesús y de los cristianos es anunciar el reino de Dios.

El bautismo nos inicia en la vida de hijos de Dios

A partir de Pentecostés,la Iglesia ha seguido ese rito de inicio en la vida cristiana y en la Iglesia. El bautismo es el primero de los sacramentos que recibe el cristiano. Durante su celebración hay varios momentos importantes:

- La unción del óleo en el pecho del bautizado como señal de la fuerza del Espíritu Santo.
- La proclamación del Credo para recordar el núcleo de la fe cristiana y comprometerse a transmitirla.
- El bautismo con agua mientras se recita: "Yo te bautizo en el nombre del Padre, y del Hijo y del Espíritu Santo".
- Y la unción sobre la cabeza con el crisma que significa que el bautizado está unido a Jesús y pertenece a la Iglesia.

Por el bautismo somos miembros de la Iglesia.

Comprendemos

1. Juan bautizaba en el río Jordán. ¿Qué pretendía lograr con ese rito?
2. Explica por qué el bautismo de Jesús es el inicio de su vida pública.
3. ¿Cuál es la misión que recibe Jesús tras su bautismo?
4. ¿Qué dos signos aparecen tras el bautismo de Jesús? ¿Qué significan cada uno de ellos?
5. Relaciona los signos de la celebración del sacramento del bautismo con su significado.

Unción con el óleo •	• Recordar la fe
Credo •	• Unir a la Iglesia
Unción con el crisma •	• Fortalecer al cristiano

6. ¿Qué reciben los cristianos cuando se bautizan en el agua y en el Espíritu?

vocabulario

Credo. Conjunto de creencias que tienen los cristianos y que sintetiza la fe de la Iglesia.

Misión. Tarea que se encomienda a alguien. Dios ofrece la misión de anunciar el reino a los cristianos.

Unción. Aplicación de aceite bendecido sobre una persona como signo de la protección y la elección de Dios.

smSaviadigital.com
APLICA TUS CONOCIMIENTOS Juega a las "tres erres".

Testigos

Francisco Javier (1506-1552)

Nació en el castillo de Javier, cerca de Pamplona, en Navarra. Desde muy joven y animado por Ignacio de Loyola, se dedicó intensamente a la misión que Jesús encomendó a sus discípulos.

En 1531, Francisco Javier y uno de sus compañeros inician un largo viaje hacia la India y otros lugares de Asia, como China y el lejano Japón. En Asia se dedicaron a curar a los enfermos, fundar escuelas y, sobre todo, a bautizar.

Pero no fue una tarea fácil. Francisco Javier sufrió los peligros de viajar en aquella época, padeció enfermedades y vivió guerras. Se cuenta que puso fin a una guerra enfrentándose a los que luchaban él solo y armado únicamente con sus palabras y un crucifijo.

San Francisco Javier es el patrón de las misiones, y se celebra su santo el 3 de diciembre.

1. ¿Qué es lo que más te ha sorprendido de la vida de Francisco Javier?
2. Lee *Lucas 4,18-19*. ¿Crees que este religioso vivió también la misión de Jesús?
3. ¿Conoces a algún misionero? ¿Sabes a qué se dedican?

Recuerda

Completa en tu cuaderno.

El .... de Jesús es el primer momento de su vida .... y el inicio de su misión de anunciar el ....

Los cristianos son .... de la Iglesia por el .... del bautismo.

¿Qué he aprendido?

1 Copia y completa en tu cuaderno el siguiente mapa conceptual con las palabras indicadas.

misión • Iglesia • bautismo • hijos • pública • Jesús • sacramento

El .... del bautismo

nos hace

- cristianos al formar parte de la ....
- .... de Dios al unirnos a ....

El .... de Jesús

fue

- el inicio de su vida ....
- el comienzo de su ....

2 Resuelve en tu cuaderno el siguiente crucigrama.

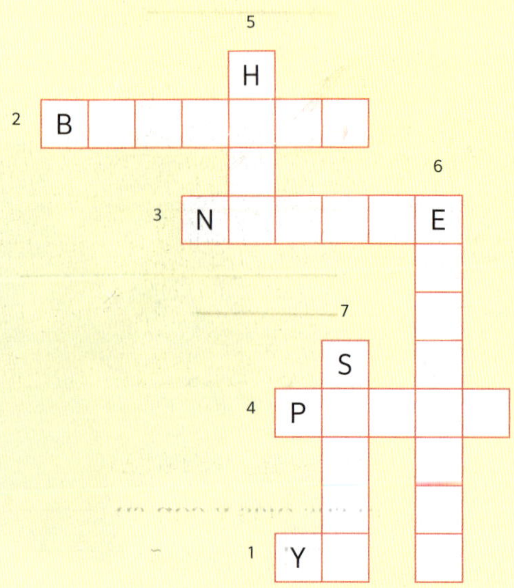

1. Pronombre personal de primera persona.
2. Primera persona del presente de indicativo del verbo bautizar.
3. Sinónimo de sustantivo.
4. Primera persona de la Trinidad.
5. Descendiente de los padres.
6. Sinónimo de alma.
7. Varón canonizado por la Iglesia.

3 Completa esta oración con las palabras descubiertas en el crucigrama anterior y descubre la fórmula con la que se bautiza.

.... te .... en el .... del ....
y del .... y del ....

Me quedo con...

Pasaporte

Completa tu *Pasaporte* con lo que has aprendido, lo que más te ha gustado y lo que te ha emocionado de esta unidad.

Repaso interactivo

smSaviadigital.com

VALORA LO APRENDIDO

¿Qué has aprendido?

Aprender más

Leemos

Aventuras de una gota de agua
Begoña Ibarrola
Ediciones SM
- Adaptación -

Aventuras de una gota de agua

Una vez, una gota de agua que no había salido nunca a la superficie decidió salir fuera y ver la luz. Se juntó a otras gotas, y formó parte de un manantial. Después, junto a sus nuevas amigas, se unió a otras formando un río, y todas juntas hacían mucho ruido y se divertían sintiendo cómo la fuerza las empujaba muy rápidamente hacia delante.

La gota de agua conoció por primera vez lo que era un bosque, un valle, una ciudad, una cascada…

Una mañana, después de mucho, mucho tiempo, vio algo sorprendente: millones y millones de gotas de agua como ella se habían reunido en aquel lugar y las orillas del río habían desaparecido. Estaba en el mar.

Cuando ya se había acostumbrado a ser una gota de agua de mar, unas nubes la invitaron a viajar con ellas. La gota sintió al principio un poco de miedo, pero decidió saltar a una nube ayudada por el impulso del viento. Desde arriba empezó a ver cosas que nunca hubiera imaginado, hasta que un día sintió mucho frío. El viento se encargó de devolverla de nuevo a la tierra y, como hacía tanto frío, cayó sobre la montaña en forma de copo de nieve.

Cuando llegó la primavera, el sol calentó tanto la montaña que la nieve se derritió y la gota de agua comenzó a deslizarse por la ladera hasta llegar al bosque; allí se quedó dormida y soñó con las flores a las que ayudó a crecer, con los animales del valle a los que calmó su sed, con las personas a las que alegró con su canto, con sus olas y con su frescura; también soñó con las nubes, a las que ayudó a cumplir con su trabajo, con la montaña que se alegró tanto al verla que le dedicó un refrán: "Año de nieves, año de bienes". Mientras soñaba, sonreía. ¿Sabéis por qué? Porque todos se habían sentido agradecidos y muy complacidos con su presencia.

1 Lee *Aventuras de una gota de agua* y completa en tu cuaderno qué palabras de agradecimiento dedicarían a la gota de agua cada uno de estos personajes.

un niño • una flor • una oveja • una montaña

2 Escribe en tu cuaderno el significado del refrán "Año de nieves, año de bienes".

3 La gota realizó un largo viaje, ¿podría haberlo hecho sin unirse a otras gotas como ella? ¿Por qué?

4 El agua da vida y contiene multitud de gotas de agua. ¿Qué nueva vida recibimos con el agua del bautismo? ¿De qué multitud entramos a formar parte con el bautismo?

Aprender más

Contemplamos

El Greco,
Bautismo de Cristo

Esta pintura representa el bautismo de Jesús en el río Jordán. Obsérvala con detenimiento.

1. En el bautismo recibimos el Espíritu Santo. ¿Cómo lo representa el pintor?
2. ¿Quiénes forman la Santísima Trinidad? Señala dónde están en el cuadro.
3. ¿Qué personajes están más iluminados?
4. Fíjate en Jesús. ¿Cómo tiene colocados sus brazos y piernas?
5. A Jesús le bautizó su primo Juan, llamado *el Bautista*. ¿Qué objeto le identifica?

la ropa • la concha • el pelo

Sabías que...

El Greco (1541-1614)

Nació en la isla de Creta, pero vino a España y vivió muchos años en la ciudad de Toledo. Aquí desarrolló una forma de pintar muy original. Las figuras que pintaba destacaban por su fuerza y su forma alargada, y todos los que las observaban quedaban sorprendidos. En su época hubo mucha gente que no apreció su talento. Como puedes ver en este cuadro, el Greco emociona y hace pensar con su arte.

Exprésate

Rubén está sorprendido de cómo el Greco destaca algunos personajes con la luz blanca. Entonces, ¿cómo quedaría un dibujo hecho con color blanco?

Rubén nos propone pintar con cera blanca en una cartulina negra un dibujo que se titule: *Bautismo*.

Aprender más
Investigamos

Marcos ha leído que los primeros cristianos bautizaban en lugares donde había agua: un lago, un río, o la orilla del mar. Pero en el siglo IV comenzaron a levantarse iglesias llamadas basílicas donde se reunían para celebrar los sacramentos. Junto a esos edificios empezaron a construirse unos lugares específicos para el sacramento del bautismo. Estos lugares eran los baptisterios.

En ellos hay un objeto fundamental: la pila o la piscina bautismal. Marcos ha decidido conocer un poco más sobre este elemento indispensable en las parroquias que hay en nuestras localidades.

1 Observa estas dos imágenes, copia la tabla en tu cuaderno y complétala con tus respuestas.

Piscina bautismal del siglo V, Túnez

Pila bautismal del siglo XIII, Burgos

	Piscina bautismal	Pila bautismal
Tipo de bautismo		
Motivos decorativos		
Forma		
Para adultos o para bebés		

2 En todas las parroquias hay un lugar especial donde se celebra el bautismo. ¿Cómo se llama ese lugar?

Ve a tu parroquia y haz un dibujo de la pila bautismal. Incluye en tu creación artística todos los detalles que la adornan.

Pistas para la investigación...

El bautismo se puede celebrar de dos maneras: por **inmersión** o **infusión**.

La primera usa una piscina bautismal donde se sumerge al adulto que se bautiza.

La segunda utiliza la pila bautismal de la que se toma el agua que se echa sobre quien va a ser bautizado.

Esos dos objetos están llenos de detalles:

Escenas evangélicas del bautismo de Cristo o de los apóstoles.

Concha como referencia al agua del bautismo.

Decoración vegetal que recuerda que el bautizado renace del pecado hacia la amistad con Jesús.

Taller

Vamos a investigar algunas curiosidades que aparecen en torno a las pilas bautismales que hay en vuestras parroquias.

- Por grupos, averiguar todas las parroquias cercanas.
- Hacer una foto o un dibujo de la pila bautismal que hay en cada una de ellas.
- Confeccionar una tabla similar a la de la actividad 2 y completarla con los datos que obtengáis de vuestra investigación.

5 Jesús pasó haciendo el bien

Algunas personas que conocemos mejoran nuestra vida con su forma de ser. Estas, con su bondad y cariño hacia los demás, hacen que nos sintamos felices y queridos. Gracias a ellas valoramos más el mundo en el que vivimos. Así fue Jesús para la gente que lo conoció.

Empezamos

1 Observa la ilustración de la página anterior. Copia esta tabla en tu cuaderno e identifica los personajes que realicen las acciones indicadas.

ACCIÓN	REALIZA LA ACCIÓN	RECIBE LA ACCIÓN
Consolar	....	....
Informar	....	....
Alimentar	....	....
Enseñar	....	....
Acompañar	....	....
Dialogar	....	....

vocabulario

Ternura. Actitud de afecto, cariño y amabilidad hacia alguien.

2 Copia estas palabras en tu cuaderno. Rodea las que expresen sentimientos que comparten tanto las personas que realizan la acción, como las que la reciben. Consulta las páginas 94 y 95 si desconoces su significado.

enojo • empatía • miedo • regocijo • cordialidad
tristeza • rechazo • bienestar • alegría

3 Lee en el vocabulario el significado de la palabra *ternura* y contesta. ¿La ternura provoca las emociones rodeadas en el ejercicio anterior? ¿Por qué?

4 Piensa en un gesto de ternura que te gustaría que alguien te mostrara si estuvieras en una de estas situaciones.

- Estás triste porque te han dado una mala noticia.
- Durante el recreo, se te ha caído el bocadillo en un charco.
- Te has dejado olvidado el estuche en casa.

smSaviadigital.com
PONTE A PUNTO
Comprueba lo que sabes.

El punto de vista de... Sofía

Sofía se sienta en clase junto a su compañera Julia. Son muy buenas amigas. Comparten los materiales, salen al patio siempre juntas y hablan de sus cosas. Esta mañana, mientras hacían un examen, Julia le ha susurrado a escondidas a Sofía:

—Dime la solución de la pregunta número tres.

Sofía no le ha dado la solución porque en los exámenes no se puede hablar. Entonces, Julia le ha reprochado:

—Eres muy mala amiga. Yo siempre te ayudo cuando lo necesitas.

Dialogar en clase sobre si la amistad de Julia es sincera o no.

Leemos y aprendemos con la Biblia

Jesús pasó haciendo el bien

El cariño, la ternura y la compasión habitaban en el corazón de Jesús. Él amaba a todas las personas y siempre hacía el bien.

El espíritu del Señor está sobre mí

Jesús llegó a Nazaret, donde se había criado. Según su costumbre, fue a la sinagoga en sábado y se levantó para hacer la lectura. Le entregaron el libro del profeta Isaías. Lo abrió y empezó a leer: *El espíritu del Señor está sobre mí: me ha ungido para dar la buena noticia a los pobres, para liberar a los prisioneros, para dar vista a los ciegos, para consolar a los oprimidos y para anunciar un año de gracia del Señor* (*Lucas 4,16-21*).

Un día, al ver el gentío, Jesús subió al monte a hablarles del amor de Dios:
—Dichosos los que están tristes porque Dios los consolará. Dichosos los humildes, porque ellos heredarán la tierra (*Mateo 5,1-5*).

Los fariseos preguntaron a Jesús:
—¿Por qué comes con amigos de los romanos y pecadores?
Él les respondió:
—No necesitan médico los sanos, sino los enfermos. No he venido a llamar a los justos, sino a los pecadores, para que se conviertan (*Lucas 5,30-32*).
Aparecieron unos hombres que llevaban un paralítico en una camilla. Jesús perdonó los pecados del paralítico y le dijo:
—Levántate, coge tu camilla y vete a tu casa.
El paralítico se levantó y se fue a su casa alabando a Dios (*Marcos 2,1-12*).

Comprendemos

1 El primer relato describe cuál es la misión de Jesús. Elige las frases que la definen y cópialas en tu cuaderno.

- Ayudar a los enfermos.
- Expulsar a los romanos de Israel.
- Construir un templo.
- Dar esperanza a los pobres.
- Anunciar el amor de Dios.

2 Copia y completa la siguiente tabla en tu cuaderno. Escribe las acciones de Jesús con las que cumplía la profecía de Isaías.

PROFECÍA DE ISAÍAS	ACCIONES DE JESÚS
Anunciar la buena noticia a los pobres.	....
Anunciar el año del amor de Dios a todos.	....
Dar vista a los ciegos y liberar a los oprimidos.	....

3 Copia esta sopa de letras en tu cuaderno y encuentra a cinco destinatarios de la ternura de Jesús.

O	Q	W	E	R	A	E	I	T	P	A
P	R	I	S	I	O	N	E	R	O	S
R	Z	H	V	O	S	F	R	A	B	T
I	D	E	J	X	U	E	L	N	R	A
M	E	S	M	I	R	R	Q	K	E	P
I	T	R	U	H	S	M	O	R	S	U
D	P	E	C	A	D	O	R	E	S	I
O	I	N	T	E	N	S	D	O	R	O
S	A	S	P	A	V	I	N	C	L	E

- Piensa en las personas que has encontrado en la sopa de letras y responde en tu cuaderno: ¿qué esperarían recibir de Jesús?

QUÉ ES QUÉ en el Relato

Ungir. Ungir consiste en derramar aceite sobre la cabeza. Con esta acción se expresa que el espíritu de Dios está con la persona ungida. Para ser rey de Israel tenías que ser ungido por un profeta. El Espíritu Santo da fuerza a la persona ungida y nunca se separa de ella. Los judíos utilizaban dos palabras para nombrar a las personas ungidas: *mesías* (en lengua hebrea) y *cristo* (en lengua griega).

smSaviadigital.com
UTILIZA LA BIBLIA
Asocia frases partidas.

Ponte en su lugar

Jesús daba esperanza a las personas que la habían perdido completamente.

Ahora, ponte en el lugar del paralítico del relato. Imagina cómo continuaría la historia: "El paralítico se pone en pie muy alegre y agradecido y vuelve a su casa caminando. Sus familiares, al verlo de pie, se quedan con la boca abierta y...".

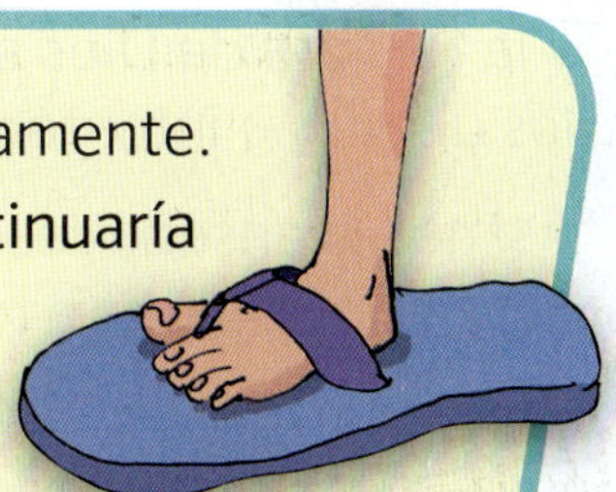

Los cristianos transmiten el amor de Dios

Jesús pasó haciendo el bien por aldeas y ciudades. Él era el Mesías, el Cristo ungido por el espíritu del Señor. El Espíritu Santo habitaba en él.

Sus palabras y acciones mostraban cómo es Dios y su reino. Los cristianos somos los discípulos de Jesús y expresamos el amor de Dios con nuestras palabras y acciones.

La buena noticia de Jesús alegra nuestros corazones.

El anuncio de la buena noticia

Jesús recorría muchos lugares hablando con la gente. Sus palabras llenaban de esperanza y alegría los corazones de quienes le escuchaban.

Sus palabras eran de consuelo, de ánimo, de comprensión y de cariño. Jesús mostraba que Dios es Padre de todos. Él siente especial cariño por las personas humildes y despreciadas por los poderosos.

Las palabras de los cristianos son como las de Jesús. Por eso, estas nunca deben ser de desprecio, ni de condena. Al contrario, deben ser palabras que expresen la buena noticia del amor de Dios con todos nosotros.

Todos comemos alrededor de la misma mesa.

Todos somos hermanos

Jesús actuaba sin marginar ni despreciar a nadie. Había algunos que se consideraban más justos que los demás y despreciaban al resto: a los enfermos, a los leprosos, a los pecadores, etc.

Sin embargo Jesús se sentaba con ellos alrededor de una misma mesa. Así nos enseñó que todos tenemos la misma dignidad y que nadie es mejor que nadie.

Igual que Jesús, los cristianos mostramos el amor de Dios. Los cristianos compartimos las alegrías y preocupaciones con todos, nos apoyamos y nos ayudamos unos a otros porque todos somos hermanos.

Todos los que están tristes son consolados.

El consuelo en el dolor y la enfermedad

Jesús era sensible a las preocupaciones y problemas de las personas de su tiempo. Se preocupaba por los demás, sufría cuando alguien se sentía mal a su alrededor y prestaba su ayuda a todos.

En los evangelios, encontramos narraciones donde se cuenta cómo Jesús curó a muchos enfermos, perdonó a los pecadores y devolvió la alegría a quienes la habían perdido.

Los cristianos también nos preocupamos por los sufrimientos de las personas que nos rodean. Con nuestras obras, transmitimos el cariño y la ternura de Dios a los que sufren. Nos afectan los problemas de los demás, e intentamos ayudarles para que recuperen la alegría.

Así nos lo enseñó Jesús con sus palabras y sus acciones. Así lo sigue haciendo la Iglesia a través de la vida de cada cristiano y el testimonio de cada comunidad que anuncia la buena noticia de Jesús.

Comprendemos

1. Lee el texto de la página anterior. Piensa tres formas de transmitir el amor de Dios.
2. Jesús "pasó haciendo el bien". Copia las siguientes oraciones en tu cuaderno y complétalas con las palabras del recuadro.

perdonó • injusticia • Padre • hermanos marginados • curó • denunció

- Jesús llamó a todos ....
- Jesús se enfrentó a la ....
- Jesús .... la discriminación.
- Jesús acogió a los ....
- Jesús .... a los enfermos.
- Jesús .... a los pecadores.
- Jesús llamó a Dios ....

3. Identifica tres situaciones de tristeza de tu entorno. Propón tres acciones para cambiarlas y devolver la alegría a esa realidad.

vocabulario

Explotar. Abusar de los demás para aprovecharnos de ellos.

Discriminar. Dar trato de inferioridad a otras personas por diferentes motivos.

Excluir. Dejar fuera o rechazar a una persona o a un grupo de personas.

smSaviadigital.com
APLICA TUS CONOCIMIENTOS
Comprueba si lo has entendido.

Testigos

Beatriz Martínez Pérez

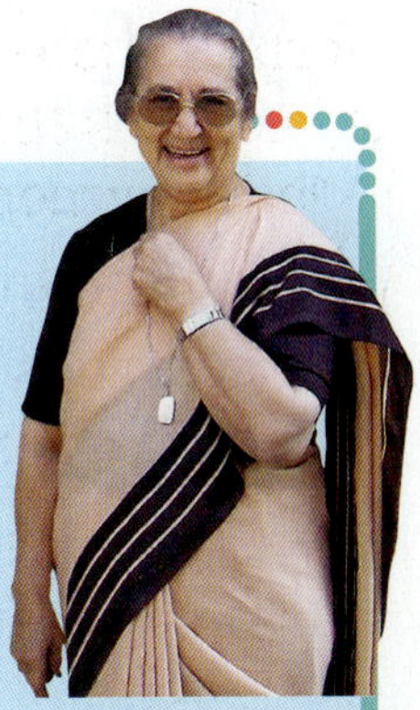

Beatriz Martínez es misionera carmelita. Reside en la India desde 1966 donde convive con los más pobres.

Cuando llegó a la India, le impresionó mucho ver las condiciones en las que vivían las mujeres. Beatriz las ayudó enseñándolas a hacer labores que les proporcionaran dinero. Ahora esas mujeres son independientes y se ganan la vida.

Además, las explicaba la importancia de educar y cuidar a los hijos, y enseñaba a las niñas lo más importante para que puedan vivir con dignidad.

Gracias a Beatriz, muchas mujeres se sienten valoradas y queridas. De esta manera, estas personas excluidas de su sociedad han sentido la ternura de Dios.

Puedes ver una entrevista a Beatriz en el siguiente enlace: **www.e-sm.net/k5_beatriz_martinez**.

1. ¿Qué le ocurría a las mujeres que conoció Beatriz en la India?
2. ¿Cómo consigue Beatriz que estas mujeres experimenten la ternura de Dios?

Recuerda

Completa en tu cuaderno.

Los cristianos expresan el .... de Dios con sus palabras y acciones.

¿Qué he aprendido?

1 Copia en tu cuaderno el siguiente mapa conceptual y rellena los huecos con estas palabras.

vida • consuelan • cristianos • bien • palabras • ternura

Jesús pasó haciendo el ....

y de la misma forma

los .... transmiten la .... de Dios.

Para hacerlo

- expresan cariño y comprensión con sus ....
- comparten la .... con todos, sin marginar a nadie.
- .... a los que sufren.

2 Ponte en el lugar de las tres personas que aparecen a continuación. Explica en tu cuaderno cómo puede ayudarlas un cristiano. Busca y lee los textos bíblicos que hay entre paréntesis para contestar.

- Un pecador marginado por todos (*Lucas 19,1-10*).
- Un enfermo sin esperanza (*Juan 5,1-9*).
- Los niños que son poco valorados por los adultos (*Marcos 10,13-16*).

3 Ordena la siguiente oración y escríbela en tu cuaderno. La palabra inicial de la frase aparece en negrita. Puedes encontrar la solución si lees el texto de *Hechos 10,38*.

DIOS	PORQUE	HACIENDO	EN	**JESÚS**
ESTABA	PASÓ	EL	ÉL.	BIEN
• • • • •	• • • • •	• • • • •	• • • • •	• • • • •
• • • • •	• • • • •	• • • • •	• • • • •	• • • • •

Me quedo con...

Pasaporte
Completa tu *Pasaporte* con lo que has aprendido, lo que más te ha gustado y lo que te ha emocionado de esta unidad.

Repaso interactivo
smSaviadigital.com
VALORA LO APRENDIDO
¿Qué has aprendido?

Aprender más
Leemos

Relato inspirado en la película: **Pay It Forward** de la directora Mimi Leder

Cadena de favores

En un colegio de Los Ángeles, en Estados Unidos, comenzaba a dar clases Eugen Simonet. Era el profesor de Ciencias Sociales. En su primer día de trabajo, lanzó el siguiente reto a sus alumnos:

—Debéis hacer propuestas para mejorar el mundo.

Trevor era un alumno muy imaginativo y se le ocurrió lo siguiente:

—Podemos hacer un favor a tres personas que lo necesiten, y les pedimos que ellos ayuden, a su vez, a otras tres más. Así construiremos una cadena de favores.

Ese mismo día, Trevor ayudó a un joven mendigo alojándole en su casa.

Dos meses después, en la misma ciudad, dos delincuentes estaban secuestrando a una chica en plena calle. En ese momento pasaba por allí Chris, un periodista. Chris se puso a hacer fotografías para que la policía pudiera identificarlos. Pero en un instante, los delincuentes robaron un coche y escaparon. En su acelerada huida chocaron contra el coche de Chris, que quedó destrozado.

Mientras, un anciano contemplaba la escena. Cuando todo pasó, vio que Chris estaba llorando, sin coche no podía trabajar. El anciano caminó hacia Chris y, dándole las llaves de su lujoso coche, le dijo:

—Te lo regalo. A ti te hace más falta que a mí — le dijo sonriendo el anciano.

Chris seguía llorando, pero ya no de pena, sino de alegría.

—¿Por qué lo has hecho? — preguntó Chris al anciano.

—Hace unos días me mareé en plena calle. Un joven mendigo corrió hacia mí y evitó que me atropellaran. Arriesgó su vida por mí. Yo le hice la misma pregunta y él me respondió: "Te he ayudado con una condición: que tú hagas un favor a otras tres personas que lo necesiten". Por eso —continuó hablando el anciano— te regalo mi coche; así agradezco a aquel joven que me salvara la vida.

Chris seguía escuchando al anciano con mucha atención.

—Y hoy yo te regalo mi coche con la condición de que prestes tu ayuda a otras tres personas que la necesiten.

1. ¿Cómo están conectadas las historias de Chris y del anciano con la del profesor Eugen Simonet y Trevor?
2. Explica en qué consiste la cadena de favores. ¿Crees que puede ayudar a que el mundo cambie? ¿Por qué?
   - Puede ayudarte ver la explicación de Trevor sobre su propuesta en este enlace: **www.e-sm.net/k5_Trevor**.
   - La presentación de la actividad que hizo el profesor la puedes ver en este enlace: **www.e-sm.net/k5_Simonet**.

Aprender más
Contemplamos

BÉNÉDICTE DE LA RONCIÈRE, *Curación del paralítico*

Observa este cuadro de Bénédicte de la Roncière.

1. ¿Qué representa? Si necesitas ayuda, lee *Lucas 5,17-26*.
2. ¿Qué personajes del relato bíblico puedes identificar?
3. ¿Qué es lo que más te llama la atención? ¿Por qué?
4. Completa las siguientes frases en tu cuaderno con estas palabras. Consulta el significado de las que desconozcas en las páginas 94 y 95.

alegría • compasión • ternura • miedo • admiración • sorpresa • arrogancia

- Jesús transmite..............................
- La gente expresa ....
- El paralítico siente ....

Bénédicte de la Roncière es un artista francés que pintó esta obra en 1977. Los personajes del cuadro se parecen a personas del pueblo mafa, una cultura del norte de Camerún, en África central.

5. Lee la palabra del vocabulario. ¿Qué elementos ha utilizado el pintor para la **inculturación** del mensaje del evangelio?

La inculturación está presente en muchas obras de arte.

6. Mira este detalle de la ilustración del relato bíblico. Es la misma escena que la obra de Bénédicte de la Roncière.
   - Fíjate en Jesús y en el paralítico. ¿En qué se parecen y se diferencian?

vocabulario

Inculturación. Integración en otra cultura. Para llevar el mensaje de Jesús a personas de otras culturas, su mensaje se representa con elementos de esa cultura.

Sabías que...

Hay muchas imágenes de escenas del evangelio inspiradas en la tribu mafa. Puedes verlas en: **www.e-sm.net/k5_ronciere.**

Exprésate

Ahora te toca a ti realizar la inculturación de la misma escena evangélica. Piensa cómo serían, hoy día, Jesús y el paralítico si vivieran cerca de ti. Dibuja la escena y sitúala en un lugar que conozcas.

Aprender más
Investigamos

Jesús mostraba la ternura de Dios, especialmente a los sencillos de corazón y 15 de este libroa los marginados. Pero ¿quiénes eran esas personas? ¿Cómo se comportaba Jesús con ellos? Ayuda a Marcos a entender mejor la ternura de Jesús.

Jesús nos explica de muchas maneras cómo es el amor de Dios hacia los pecadores. Para hacerlo usaba unos ejemplos llamados parábolas.

1. Lee *Lucas 15,1-7* y las pistas para la investigación que ha encontrado Marcos.

Jesús no despreciaba a las mujeres. Él las valoraba y convivía con ellas.

2. Busca en el diccionario la palabra *valorar* y piensa en tres acciones que reconozcan la valía de algunas de las mujeres que conoces: tu mamá, tu profesora, tus amigas, etc.
   - ¿Qué crees que provocarán esas acciones en ellas: alegría o tristeza?

Jesús animaba a los enfermos y curaba a muchos de ellos. En la actualidad, muchos ancianos viven solos en sus casas, y algunos de ellos están enfermos.

3. Escribe una carta a una persona anciana que viva sola para demostrarle la ternura de Dios y devolverle la alegría.

smSaviadigital.com
CONTEMPLA E INVESTIGA En la actualidad.

Pistas para la investigación...

Jesús y los pecadores. Muchas personas eran marginadas por cómo eran o por su trabajo: cobradores de impuestos, ladrones, enfermos, etc. Jesús, en lugar de excluirlos, les visitaba, comía con ellos y les invitaba a mejorar.

Jesús y las mujeres. En tiempos de Jesús, las mujeres eran consideradas inferiores a los hombres y nadie valoraba sus opiniones. Jesús les devolvió su dignidad y contó con ellas.

Jesús y los enfermos. Los judíos pensaban que las enfermedades eran un castigo de Dios por los pecados. Por eso, despreciaban a los enfermos. Jesús se acercó a ellos, los curaba y les devolvía la alegría.

Taller

Tanto en la sociedad en la que vivió Jesús y como en la nuestra, hay personas marginadas por distintas razones. Vamos a hacer una investigación en grupos sobre estas personas en nuestra sociedad.

Buscar información y fotografías sobre la situación de estas personas.Hacer un mural titulado: *Los mejores amigos de Jesús*.

6 Seguir a Jesús

En ocasiones, nos encontramos en una encrucijada y nos cuesta decidir cómo tenemos que actuar. En esta unidad, vas a descubrir cómo Jesús, en esos momentos de duda, nos muestra el camino.

Empezamos

Observa con atención la ilustración y responde en tu cuaderno las siguientes preguntas.

1. ¿Qué personajes aparecen?
2. ¿Qué tarea les ha encargado su profesora?
3. Lee el significado de la palabra *lealtad* y copia en tu cuaderno las expresiones que están relacionadas con su significado.

LEALTAD

- Ser perezoso.
- Ayudar a los compañeros.
- Actuar pensando solo en mí mismo.
- Aprovecharme del trabajo de los demás.
- Cumplir con la promesa hecha a un amigo.

4. Ante la propuesta de la profesora, los niños de la clase han elegido de forma distinta. ¿Son todos los niños leales realizando el trabajo que se les ha pedido? ¿Por qué?
5. Seguro que alguna vez te has encontrado en una *encrucijada* y no has sabido qué hacer. Elige una de las siguientes situaciones y comenta con tus compañeros qué decisión tomaste.
   - Irme a la cama cuando me lo dicen o hacerme el remolón.
   - Quedarme viendo la televisión o terminar los deberes.
   - Compartir mis juguetes o quedármelos para mí.
   - Decir la verdad o callarme.

vocabulario

Lealtad. Comportamiento de alguien que es fiel y sincero en su forma de ser y actuar, porque no engaña ni traiciona.

Encrucijada. Lugar o situación en el que nos resulta difícil decidir qué hacer o dónde ir.

El punto de vista de... Sofía

Sofía está leyendo el libro de D. Quijote, un personaje al que le suceden locas aventuras. En muchas de ellas lo único que conseguía era acabar herido, pero en otras...

Iba D. Quijote por un camino, cuando oyó unos gritos que salían de un bosque. D. Quijote, se apartó de su camino y llegó al lugar donde un chiquillo maltratado por su amo, gritaba: "¡Ay!, ¡Ay! ¡Ay!...". Don Quijote dijo al amo: "Descortés caballero, sois un cobarde por azotar a un indefenso. Soltadle ahora mismo". Así es como D. Quijote logró liberar a aquel chiquillo de las palizas de su amo.

Ayuda a Sofía a completar estas frases.

D. Quijote se hallaba en la encrucijada de seguir .... ***o de*** ....

D. Quijote es leal en su forma de actuar porque ....

Leemos y aprendemos con la Biblia

La invitación de Jesús

A lo largo de su vida, Jesús se encontró con muchas personas a las que invitó a que le siguieran. Unos no se atrevieron a dar el primer paso, y otros se quedaron por el camino y no fueron capaces de seguirle hasta el final.

Sin embargo, hubo algunos que fueron los más leales y siguieron a Jesús a lo largo de toda su vida. Le ayudaron en su tarea de anunciar la Buena Noticia.

Seguir a Jesús

Mateo 4,18-22

Paseando junto al mar de Galilea vio a dos hermanos, a Simón, llamado Pedro, y a Andrés, que estaban echando la red en el mar, pues eran pescadores. Les dijo:

—Venid en pos de mí y os haré pescadores de hombres.

Inmediatamente dejaron las redes y lo siguieron. Y pasando adelante vio a otros dos hermanos, a Santiago, hijo de Zebedeo, y a Juan, su hermano, que estaban en la barca repasando las redes con Zebedeo, su padre, y los llamó. Inmediatamente dejaron la barca y a su padre y lo siguieron.

Comprendemos

1. Lee con atención el relato bíblico y contesta en tu cuaderno.
   - ¿Qué estaban haciendo Pedro y Andrés cuando les llamó Jesús? ¿Cómo respondieron a su llamada?
   - ¿Por qué repasaban las redes Juan y Santiago junto a su padre Zebedeo? ¿Para qué?
   - ¿Se opone Zebedeo a que sus hijos le abandonen para seguir a Jesús?

2. En el texto que acabamos de leer, Jesús llama a unos pescadores y les dice que él también los hará pescadores de hombres? ¿Qué significa?

   ¿Por qué crees que Pedro, Andrés o Santiago y Juan no se llevan sus barcas y sus redes?

3. Escribe las siguientes oraciones y señala V si son verdaderas y F si son falsas.

	V/F
Jesús espera a que sus amigos terminen sus tareas para llamarles.	•••
Pedro se lleva con él su mejor anzuelo.	•••
Juan y Santiago le siguen de inmediato.	•••
Antes de seguir a Jesús, Andrés va corriendo a por sus ahorros.	•••

4. Jesús dice a sus amigos que les hará pescadores de hombres. Esos hombres y mujeres podían tener cualquier profesión. Imagina y comenta con tus compañeros cómo pueden seguir a Jesús los siguientes personajes.

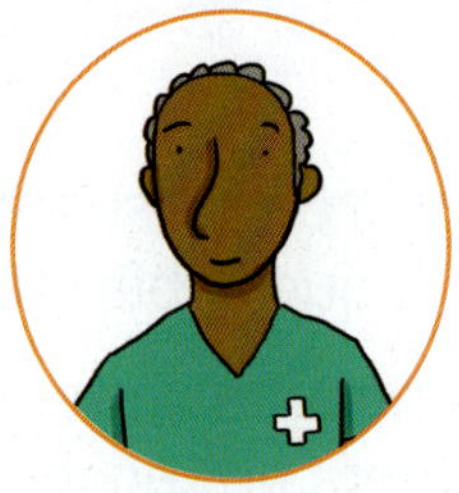

QUIÉN ES QUIÉN en el Relato

Pedro y Andrés. Santiago y Juan. Parejas de hermanos que abandonan sus tareas y todo lo que tienen para seguir a Jesús.

Zebedeo. Padre de Juan y Santiago. Prepara su trabajo y el de sus hijos. No se opone a que sus hijos se marchen para seguir a Jesús.

Ponte en su lugar

Imagina que eres un pescador y Jesús te pide que lo dejes todo y le sigas como hicieron Pedro y Andrés. ¿Cómo reaccionarías? ¿Le preguntarías algo a Jesús? ¿El qué?

¿Qué es lo que más te costaría dejar? ¿Crees que es fácil seguir a Jesús? ¿Por qué?

Dialoga con un compañero.

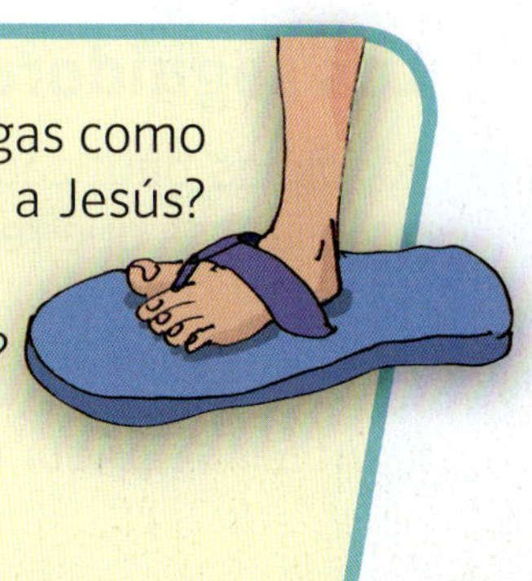

Los seguidores de Jesús

Jesús llama a los discípulos

En el Lago de Galilea Jesús comienza a llamar a las personas que quieran seguirle. Allí invita por primera vez a Pedro y Andrés, unos pescadores. También a Juan y Santiago, pescadores y comerciantes.

Más tarde llama a Mateo, un recaudador de impuestos con mala fama que al escuchar las palabras de Jesús lo deja todo y le sigue.

Otros de los discípulos de Jesús fueron: Bartolomé, Santiago el Menor, Judas Iscariote, Judas Tadeo, Felipe, Tomás y Simón el Cananeo.

Jesús eligió doce hombres para vivir junto a él y predicar su palabra. Recibieron el nombre de apóstoles que quiere decir "enviados".

Pero no todas las personas fueron capaces de seguir a Jesús. El evangelio lo recuerda.

> Mientras iban caminando, uno le dijo: "Te seguiré adonde quiera que vayas".
>
> Jesús le dijo: "Las zorras tienen guaridas, y las aves del cielo nidos; pero el Hijo del hombre no tiene donde reclinar la cabeza".
>
> *Lucas 9,57-58*

Jesús llama a los discípulos para que le sigan

Otros seguidores de Jesús

María, Madre de Jesús, siguió a su Hijo. Guardaba sus palabras en el corazón y vivía según sus enseñanzas.

Marta y María, hermanas de Lázaro, estaban siempre contentas de recibir a Jesús en su casa de Betania para escucharle y cuidarle.

La samaritana era una mujer pecadora. Cuando conoce a Jesús se siente transformada y corre a Samaria para anunciar su encuentro con el Mesías.

Zaqueo es un estafador. Después de su encuentro con Jesús, actúa según sus enseñanzas, devolviendo el doble de lo que había robado.

María Magdalena, otra mujer pecadora, se presenta ante Jesús arrepentida. Le siguió hasta la cruz y fue la primera en reconocer a Jesús resucitado.

Marta y María recibieron muchas veces a Jesús en su casa

Los seguidores de Jesús hoy

Todos los bautizados reciben la invitación para creer en la Buena Noticia. Los que responden a esta llamada de Jesús son sus seguidores.

Cada persona responde de manera libre y diferente a esta invitación. Ser seguidor de Jesús es ser testigo de sus palabras y obras.

Son muchos hombres y mujeres los que escuchan la llamada de Jesús y deciden seguir sus pasos.

Comprendemos

1. ¿Qué ocupación tenían los primeros seguidores de Jesús?
2. ¿A cuántos eligió Jesús? ¿Por qué crees que se les da el nombre de apóstoles?
3. Un hombre se acercó a Jesús para decirle: *"Te seguiré adonde quiera que vayas"*, pero después no lo hace.

   ¿Qué respuesta le da Jesús? ¿Por qué crees que no es capaz de seguir a Jesús?
4. Elige a uno de los seguidores de Jesús y comenta con tus compañeros qué es lo que más te ha gustado de él.
5. Piensa en una persona bautizada que conoces. ¿Por qué crees que es una seguidora de Jesús hoy?

Testigos

Irene del Prado Bolaños

Irene es profesora de educación musical e inglés. Trabaja en un colegio de Madrid con niños de Primaria. Le encanta su profesión y dedica gran parte de su tiempo a ayudar a los demás. Se lo pasa muy bien todas las semanas cuando se reúne con un grupo de jóvenes y niños a los que habla de Jesús a través de actividades y juegos. Colabora en varias ONG, reparte bocadillos a personas sin hogar, imparte clases a inmigrantes, y también ha realizado voluntariado en otros países como Nicaragua, Kenia y Colombia.

A Irene le hablaron de Jesús desde muy pequeña, y cuando fue algo mayor, le preguntaban: ¿cómo puedes explicar y demostrar ese amor que recibes de Jesús? Irene piensa, pero no encuentra palabras que puedan definir algo tan grande.

1. ¿Sabe Irene responder a todas las preguntas sobre su amistad con Jesús?
2. ¿Considerarías a Irene seguidora de Jesús? ¿Por qué?
3. ¿Cómo imaginas que Irene ha sido llamada por Jesús?

Recuerda

Completa en el cuaderno.

Los doce ...., junto con otras mujeres y amigos de Jesús, fueron los primeros .... de Jesús.

Seguir a Jesús implica ser testigo de sus .... y de sus ....

¿Qué he aprendido?

1 Copia y completa en tu cuaderno el siguiente mapa conceptual utilizando las palabras indicadas.

apóstoles • seguidores • llamada • libertad • enviados

Los …………………… de Jesús

- Todas las personas llamadas por Jesús, responden a esa invitación con …………………… .
- Los primeros fueron llamados …………………… que quiere decir …………………… .
- Algunas personas invitadas por Jesús no responden a esa …………………… .

2 Copia en tu cuaderno y une con flechas.

Marta •	• fue la primera en ver a Jesús resucitado.
La mujer samaritana •	• cuidaba de Jesús, vivía en Betania.
María Magdalena •	• se transforma al conocer a Jesús.

3 Corrige la siguiente frase.

Los hombres y mujeres elegidos por Jesús para ser sus seguidores responden obligatoriamente a su llamada.

4 Piensa y escribe en tu cuaderno cómo puedes ser leal a la llamada de Jesús ante las siguientes situaciones.

- La profesora propone un trabajo voluntario en clase.
- Mientras juegas en el parque con tus amigos, ves a un niño que está solo.
- En casa, papá necesita ayuda para recoger la mesa.

Me quedo con...

Pasaporte

Completa tu *Pasaporte* con lo que has aprendido, lo que más te ha gustado y lo que te ha emocionado de esta unidad.

Repaso interactivo

smSaviadigital.com

VALORA LO APRENDIDO

¿Qué has aprendido?

Aprender más
Leemos

El hada y la sombra
PEDRO PABLO SACRISTÁN
Cuentos para dormir

El hada y la sombra

Hace mucho tiempo existía un lugar misterioso custodiado por el hada del lago, justa y generosa. Todos sus vasallos siempre estaban dispuestos a servirle. Un día, unos malvados seres amenazaron el lago y sus bosques. Muchos se unieron al hada cuando les pidió que la acompañaran en un peligroso viaje en busca de la Piedra de Cristal, la única salvación posible para todos.

El hada advirtió de los peligros y dificultades, de lo difícil que sería aguantar todo el viaje, pero ninguno se asustó. Todos prometieron acompañarla hasta donde hiciera falta, y aquel mismo día, el hada y sus más leales vasallos comenzaron el viaje. El camino fue aún más terrible de lo que había anunciado el hada. Se enfrentaron a bestias, caminaron día y noche y vagaron perdidos por el desierto sufriendo hambre y sed. Ante tantas dificultades, muchos se desanimaron y terminaron por abandonar el viaje a medio camino, hasta que solo quedó uno, llamado Sombra. No era el más valiente, ni el mejor luchador, ni siquiera el más listo o divertido, pero continuó junto al hada hasta el final. Cuando esta le preguntaba que por qué no abandonaba como los demás, Sombra respondía siempre lo mismo *"Os dije que os acompañaría a pesar de las dificultades, y eso es lo que hago. No voy a dar media vuelta solo porque haya sido verdad que iba a ser duro"*.

Gracias a su leal Sombra, el hada pudo por fin encontrar la Piedra de Cristal, pero el monstruoso guardián de la piedra no estaba dispuesto a entregársela. Entonces, Sombra, en un último gesto de lealtad, se ofreció a cambio de la piedra quedándose al servicio del guardián por el resto de sus días...

La poderosa magia de la Piedra de Cristal permitió al hada expulsar a los seres malvados, pero cada noche lloraba la ausencia de su fiel Sombra, pues de aquel firme y generoso compromiso surgió un amor más fuerte que ningún otro. Y en su recuerdo, queriendo mostrar a todos el valor de la lealtad y el compromiso, regaló a cada ser de la tierra su propia sombra durante el día. Pero al llegar la noche, todas las sombras acuden el lago, donde consuelan y acompañan a su triste hada.

1. ¿Qué problema tienen el hada y sus vasallos en el lago y en sus bosques?
2. Une las siguientes oraciones.

La única salvación era •	• y abandonaron el viaje.
El hada advirtió que el viaje •	• encontrar la Piedra de Cristal.
Todos prometieron acompañarla •	• hasta el final.
En las dificultades muchos se desanimaron •	• era peligroso.

3. Escribe dos adjetivos que definan a Sombra.
4. Comenta con tus compañeros.
   - ¿Cómo demuestra Sombra su lealtad al hada?
   - ¿En qué se parece Sombra a algunos de los seguidores de Jesús?

Aprender más
Contemplamos

Observa detenidamente el cuadro de Duccio di Buoninsegna.

1. ¿Qué parte del evangelio representa el cuadro? ¿Quiénes son los personajes que aparecen?
2. Piensa e interpreta qué quiere comunicar Jesús con el gesto de su mano.
3. ¿Recuerdas las palabras que Jesús dirige a esos apóstoles? Las puedes encontrar en Mt 4,19.

DUCCIO DI BUONINSEGNA
La llamada de los apóstoles Pedro y Andrés

vocabulario

Pintura al temple. Es una de las técnicas más antiguas. Se parece a la témpera. Fue usada por los antiguos egipcios para decorar sarcófagos o retratos de momias. Más tarde, muchos pintores emplearon esta técnica en la que utilizaban la yema de huevo para mezclar el agua y las pinturas.

4. ¿Cuál de las siguientes actitudes representa el comportamiento de los apóstoles?
   - Lo dejan todo y siguen a Jesús.
   - Le dicen que luego irán.
5. Imagina que estás viendo tu programa preferido en la televisión y alguien necesita tu ayuda. ¿Qué harías? Coméntalo con tus compañeros.
   - Acudes en su ayuda inmediatamente.
   - Reaccionas tranquilamente.
   - Te quedas sin hacer nada.

Sabías que...

Duccio di Buoninsegna, nació en Siena, una ciudad de Italia. Se dedicó a pintar escenas de la vida de Jesús. La obra *La llamada de los apóstoles Pedro y Andrés* está realizada en temple sobre tabla de madera.

Puedes ver más pinturas de este artista en **www.e-sm.net/NK_3 EP_buoninsegna**

Exprésate

A Rubén le encanta colorear con témperas. Como no tiene papel, se le ha ocurrido reciclar unos platos de cartón. Ha dado esta idea a sus compañeros de clase y entre todos van a hacer un gran mural. Cada uno pintará un pez en el fondo del plato. Después los van a colocar todos juntos en el corcho con el título *Venid conmigo y os haré pescadores de hombres*.

Aprender más
Investigamos

En esta unidad has estudiado cómo fueron los primeros seguidores de Jesús.

Hoy en día existen **misioneros** que responden libremente a esa llamada que reciben de Jesús. Marcos ha descubierto que son muchísimos.

"ID POR TODO EL MUNDO Y PROCLAMAD EL EVANGELIO"

Según los estudios más recientes, España sigue siendo uno de los países más evangelizadores. Actualmente hay miles de misioneros que siguen a Jesús en otros territorios, la mayoría de las veces, muy lejanos.

Los misioneros ejercen en su país de destino sus profesiones ayudando a todo aquel que lo necesita y, sobre todo, anunciando la buena noticia de Jesús.

En España, la diócesis de Pamplona-Tudela es la que envía más misioneros a todas las partes del mundo.

1. ¿Qué llamada o invitación reciben los misioneros de parte de Jesús?
2. Observa los gráficos y escribe en tu cuaderno si las siguientes afirmaciones son verdaderas o falsas.

   Solo los sacerdotes pueden ser misioneros ....

   Hay más misioneras que misioneros ....

   Los misioneros se jubilan a los 65 años ....

   Hay más misioneros españoles en América que en Asia ....
3. Escribe en tu cuaderno el nombre de los siguientes profesionales y explica cómo pueden ayudar en el caso de que sean llamados a ser misioneros o misioneras.

- Arquitecto
- Profesora
- Cocinera
- Enfermero

Pistas para la investigación...

En el mundo hay más de 14.000 misioneros españoles.

Por sexos

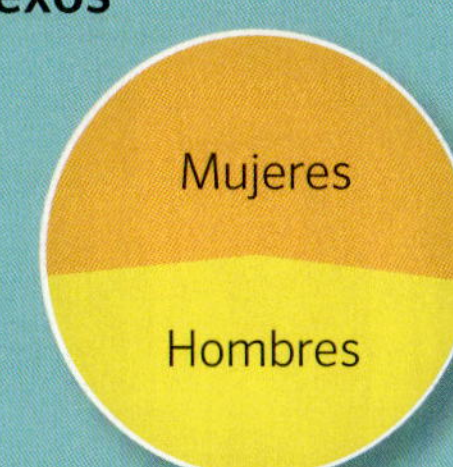

Distribución geográfica

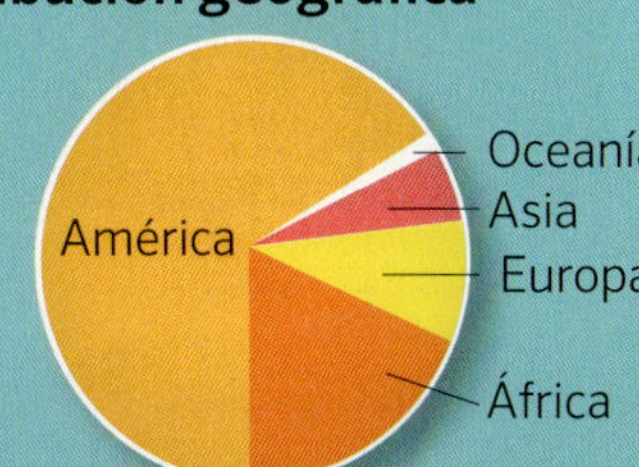

Por edad

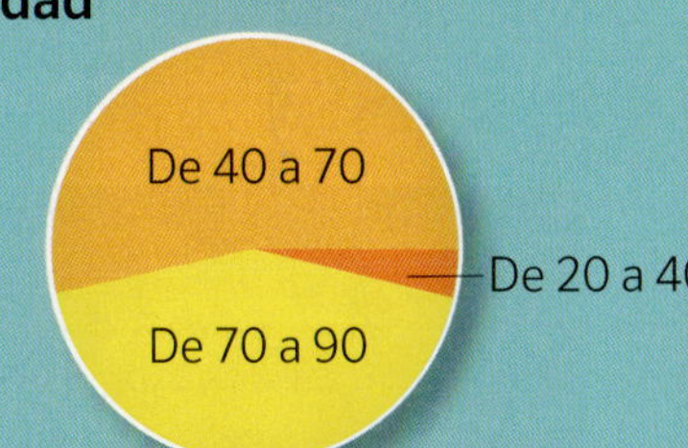

Por condición eclesial

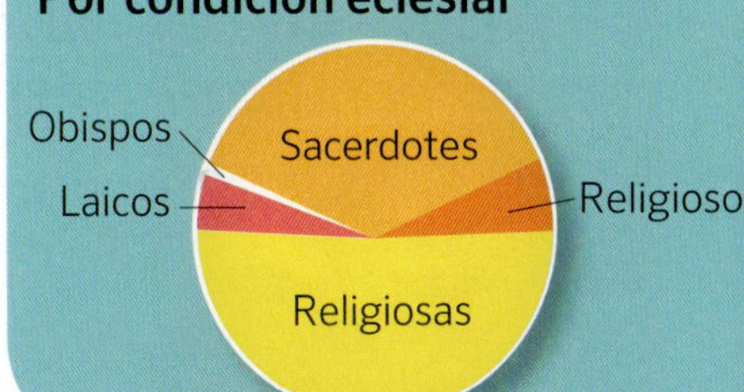

Taller

Imagina que Jesús te llama para que seas misionero.

¿A qué lugar del mundo te gustaría ir? ¿Por qué?

Escribe tu nombre en un pósit, elige el lugar del mundo al que querrías ir a proclamar el evangelio y pégalo en un mapamundi que tengas en clase.

ÁLBUM

LOS APÓSTOLES

Jesús eligió a doce personas para que le siguieran y para que llevaran a todo el mundo la buena noticia del evangelio. Eran los doce apóstoles, que formaban el grupo de los primeros discípulos de Jesús. La palabra apóstol significa "enviado".

Pedro, **Santiago** y **Juan**. Antes de conocer a Jesús eran pescadores en el mar de Galilea. Jesús compartió con ellos momentos muy especiales, como la oración en el monte de los Olivos (*Marcos 14,33*).

Santiago, según la tradición, vino a España a predicar el evangelio. En Zaragoza le visitó la Virgen María para darle ánimo en su tarea evangelizadora. En Compostela, Galicia, se encuentra su tumba, que es uno de los lugares de peregrinación más visitados del mundo.

Pedro fue el primero en reconocer a Jesús como el Mesías esperado (*Marcos 8,29*). Se llamaba Simón pero Jesús le puso el nombre de Pedro, que significa piedra, y le confió el gobierno de la Iglesia (*Mateo 16,18*). Por eso a los papas se les considera sucesores de Pedro. Ante la muerte de Jesús se acobardó, pero tras Pentecostés fue el primero en predicar la buena noticia en Jerusalén.

Juan era hermano de Santiago. Jesús los llamaba "hijos del trueno" por su carácter impulsivo. Desde la cruz, Jesús encargó a Juan que acogiera a María en su casa. Es el autor del cuarto evangelio. Se le conoce como el discípulo amado de Jesús (*Juan 13,23*).

Mateo trabajó de recaudador de impuestos para los romanos, lo dejó todo, su familia y sus riquezas, por atender a la llamada de Jesús (*Mateo 9,9-13*). Escribió el primer evangelio.

Tomás es conocido porque al principio no creía que Jesús había resucitado: "Si no veo en sus manos la señal de los clavos y meto mi mano en su costado, no lo creeré". Ocho días después de la resurrección de Jesús, Tomás vio y tocó a Jesús que le dijo: "Dichosos los que creen sin haber visto" (*Juan 20,24-29*).

Felipe tuvo dificultades para entender a Jesús, un día le preguntó: "Señor, muéstranos al Padre y nos basta", y Jesús le respondió: "El que me ha visto a mí, ve al Padre" (*Juan 14,8-9*).

Santiago el menor era hijo de María de Cleofás. Ella fue una de las muchas mujeres que eran discípulas de Jesús y que también iban con él a todas partes (*Marcos 15,40*).

Judas Iscariote fue quien entregó a Jesús a sus enemigos por unas monedas, que más tarde devolvió arrepentido. Fue sustituido por **Matías**, que completó de nuevo el grupo de los doce (*Hechos 1,23.26*).

Andrés, **Judas Tadeo**, **Bartolomé** y **Simón**. De ellos sabemos poco. Andrés fue el primer discípulo de Jesús.Judas Tadeo era pariente de Santiago el menor. De Bartolomé sabemos que algunos le identifican con Natanael; y de Simón que predicó en Egipto. Todos acompañaron a Jesús en los tres años de su vida pública y recibieron el Espíritu Santo el día de Pentecostés.

Y además, Pablo. No conoció a Jesús en persona, no fue uno de sus apóstoles. Pero fue el mayor defensor de Jesús y de los cristianos. Se dedicó a recorrer pueblos y ciudades. Hablaba de Jesús a la gente en las calles y en las plazas. También escribió diversas cartas que se encuentran en la Biblia, son las llamadas *Cartas de san Pablo*.

7 La oración, dialogar con Dios

Todos nos comunicamos, expresamos nuestras opiniones y sentimientos a los demás y escuchamos lo que otros nos quieren transmitir. Los cristianos también escuchan a Dios y se dirigen a él en la oración, y como en todo diálogo es bueno guardar silencio y saber escuchar.

Empezamos

1. Observa la escena del dibujo. ¿Qué personajes aparecen? ¿Dónde están? ¿Qué están haciendo?
2. Fíjate en los alumnos. Unos prestan más atención que otros a lo que ocurre en el escenario.
   - Busca tres alumnos que estén prestando atención y otros tres que no.
   - Descríbelos y explica su comportamiento en tu cuaderno.
3. Copia estas palabras en tu cuaderno y rodea aquellas que expresen lo que sienten los alumnos que prestan atención. Si desconoces el significado de alguna, búscala en las páginas 94 y 95.

   rechazo - bienestar - tristeza - resentimiento
   entusiasmo - cordialidad - afinidad

4. Copia la siguiente tabla en tu cuaderno. Complétala con tres acciones que faciliten el diálogo y con otras cuatro que lo dificulten. Fíjate en el ejemplo.

FACILITA EL DIÁLOGO	DIFICULTA EL DIÁLOGO
Mirar a los ojos	Tener la música muy alta

vocabulario

Cordialidad. Esta palabra está relacionada con "corazón". Somos cordiales cuando queremos a los demás con amabilidad y con el corazón.

smSaviadigital.com
PONTE A PUNTO
Comprueba lo que sabes.

El punto de vista de... Sofía

Esta mañana, Sofía ha hablado con muchos amigos y amigas en el colegio. Al llegar a casa, se ha sorprendido porque solo recuerda las conversaciones que ha tenido con sus mejores amigos. Las conversaciones con otros compañeros las ha olvidado.

Dialoga con tus compañeros si es lo mismo *escuchar* que *oír*.

Lee el significado de la palabra *cordialidad* y contesta. Cuando somos cordiales con alguien, ¿le escuchamos o le oímos? ¿Por qué?

¿Por qué Sofía no puede recordar todas las conversaciones que ha mantenido?

Leemos y aprendemos con la Biblia

Escuchar la palabra de Dios

Jesús contó a sus discípulos la siguiente parábola para explicar la mejor manera de escuchar la Palabra de Dios.

La parábola del sembrador

Lucas 8,4-8

Jesús contó a sus discípulos esta parábola:

—Salió el sembrador a sembrar. Con su mano, esparció las semillas. Algunas cayeron en el camino, así que fueron pisoteadas y los pájaros se comieron las que quedaron. Otras semillas cayeron en medio de las piedras y brotaron rápido, pero se secaron porque no tenían agua. También cayeron semillas en medio de cardos, pero cuando crecieron, los cardos las ahogaron. Por fin, una parte de las semillas cayó en tierra buena, en la que brotaron y dieron mucho fruto.

Comprendemos

1 Lee el relato anterior. Es una parábola que Jesús contó a sus discípulos. Busca en la Biblia la segunda parte del relato *(Lucas 8,11-15)* y completa la siguiente tabla.

¿QUÉ SIGNIFICA?	
La semilla	El mensaje de Dios
Semilla al borde del camino	....
Semilla entre las piedras	....
Semilla entre cardos	....
Semilla en tierra buena	....

2 Elige la frase que mejor resume la enseñanza de la parábola del sembrador y cópiala en tu cuaderno.

- Tenemos que aprender a sembrar fijándonos en los buenos agricultores.
- Los pájaros son perjudiciales para la siembra.
- La palabra de Dios produce buenos frutos en el corazón de quienes la reciben.

3 Dios quiere que sus palabras lleguen al corazón de todos, pero los *ruidos* de cada día nos dificultan dialogar con él.

- Haz en tu cuaderno una lista de cinco *ruidos* que habría que eliminar para tener un diálogo cordial con Dios.

4 Encuentra en esta sopa de letras tres elementos que favorezcan el diálogo entre Dios y las personas.

Q	I	N	T	E	R	E	S	L
P	O	N	L	U	O	J	P	E
S	E	R	E	N	I	D	A	D
T	O	S	T	E	A	N	Ñ	U
E	S	I	L	E	N	C	I	O

QUÉ ES QUÉ en el **Relato**

Las parábolas. Jesús solía usar unos relatos sencillos para hablar de Dios a la gente. Estas historias se llamaban parábolas y contenían elementos cotidianos: animales, sembrados, ejemplos de la vida familiar, etc. Jesús explicaba el significado de las parábolas a sus discípulos para que pudieran entender su mensaje. Otros, sin embargo, no las entendían y criticaban a Jesús porque pensaban que sus parábolas no servían para nada.

sm**Savia**digital.com
UTILIZA LA BIBLIA
Reconstruye esta parábola.

Ponte en su **lugar**

A veces, es difícil escuchar con tanto ruido.

Imagina que recibes una carta que llevabas mucho tiempo esperando. Abres el sobre con entusiasmo y, cuando vas a empezar a leer, suena el teléfono...

Continúa esta historia en forma de parábola para explicar lo que nos impide concentrarnos en lo que nos interesa. Usa estas palabras:

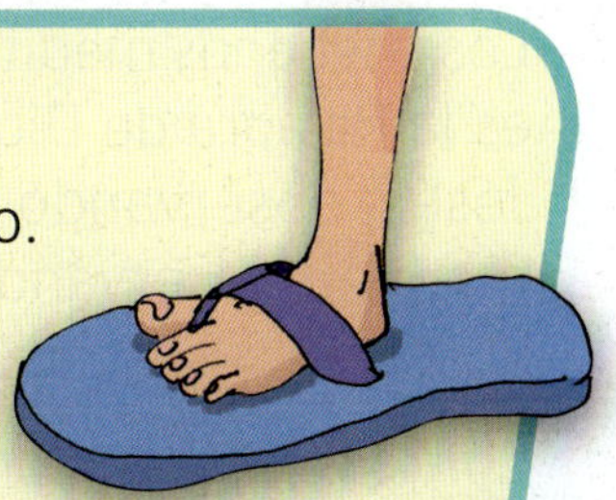

pereza • televisión • amigos • juego • sed

Los cristianos dialogamos con Dios

Dios quiere comunicarse con todos. La oración es la forma de dialogar con Dios, igual que hablamos con nuestros padres y amigos. Jesús enseñó a sus discípulos que la oración es la mejor manera de hablar con Dios.

Hablar con Dios desde el silencio y la humildad

Cuando hablamos con nuestros amigos es importante prestar atención. A nadie le gusta hablar con personas que parece que no escuchan.

Así, cuando alguien se acerca a nosotros para hablar sobre algún asunto importante, procuramos eliminar ruidos y distracciones: guardamos el móvil, dejamos de escuchar música y de jugar, y nos centramos en la persona con la que hablamos y en lo que nos quiere decir.

Del mismo modo, para dialogar con Dios mediante la oración, también es necesario eliminar ruidos exteriores para buscar el silencio dentro de nosotros. Este **silencio interior** favorece el diálogo entre Dios y las personas. Por eso, cuando entramos en una iglesia observamos que las personas se encuentran en silencio y concentradas en su oración.

Pero un diálogo se establece entre dos o más personas, por lo que escuchar y dejar hablar es un momento fundamental. Si solo habla uno y no deja que los demás se expresen, no hay una buena comunicación.

En la oración también hay que dejar hablar a Dios. Pero, para escucharle, es necesario tener un **corazón humilde** que deje de pensar solo en sí mismo y sus preocupaciones.

La señal de la cruz es una forma de entrar en el silencio interior.

Diferentes formas de hablar con Dios

Dios tiene la iniciativa y, por eso, siempre habla primero. La oración del creyente siempre es una respuesta a la invitación de Dios. Esta respuesta puede ser de distintos tipos.

- **Oración vocal.** Es un diálogo con Dios usando las propias palabras. Al hablar con Dios, los cristianos le dan gracias, le piden perdón, rezan por sus familiares y conocidos, expresan sus necesidades y lo alaban por la grandeza de sus obras y de su amor. Jesús enseñó a sus discípulos la mejor oración vocal: el padrenuestro.
- **Meditación.** Consiste en pensar en Dios para comprenderle mejor. Los cristianos meditan con la ayuda de los textos de la Biblia porque es la Palabra de Dios. También meditan leyendo algún libro sobre Jesús, observando una obra de arte, etc. Además, los cristianos meditan observando todo lo que Dios ha creado. Él ha dejado su huella en sus obras.
- **Contemplación.** Consiste en disfrutar de la compañía de Jesús que está en nuestro interior. Suele ser una oración en silencio, apenas se dice ni se piensa nada. Cuando una persona realiza esta oración, está feliz porque se siente amada y valorada por Jesús.

Dios se da a conocer a las personas a través de todo lo que ha creado.

Al estar en diálogo con Dios, se experimenta la paz interior.

Comprendemos

1. ¿Qué dos cosas son convenientes para dialogar con Dios? ¿Crees que se podría dialogar con Dios sin estos elementos? ¿Por qué?
2. Completa en tu cuaderno estas oraciones usando las siguientes palabras:

   meditación • oración vocal • contemplación

   - En la .... las personas dirigen sus palabras a Dios.
   - En la .... se disfruta de estar junto a Jesús.
   - En la .... reflexionamos sobre Dios y sus obras.
3. Recuerda la oración del padrenuestro. Escribe en tu cuaderno todas las alabanzas y peticiones que se hacen a Dios. Si no la recuerdas, puedes buscarla en *Mateo 6,9-13*.
4. ¿Por qué los creyentes escuchan la voz de Dios en la Biblia y en la creación?
5. ¿Cómo se dialoga con Dios en silencio?

smSaviadigital.com
APLICA TUS CONOCIMIENTOS
Completa la información.

Testigos

Teresa de Lisieux

Nació en un pueblo de Francia llamado Alenzón en 1873. Desde niña quiso ser religiosa para poder estar muy cerca de Dios. Con quince años fue aceptada en el monasterio del Carmelo de Lisieux.

En ese monasterio había un ambiente apropiado para la oración. Allí, Teresa dedicaba muchos momentos del día a buscar el silencio en algún rincón y dialogaba con Dios. También meditaba leyendo la Biblia. Además, todo el trabajo que realizaba durante el día lo ofrecía a Dios como un regalo. Desde que Teresa entró en el convento, experimentó cada día el amor de Dios. Sentía su presencia y dialogaba con él cordialmente.

Teresa murió muy joven, con veinticuatro años. Sus últimas palabras fueron para expresar su amor por Dios otra vez.

1. ¿Cuál era el mayor deseo de Teresa cuando era niña? ¿Para qué quería cumplirlo?
2. Teresa se sentía siempre en la presencia de Dios. Lee los tres tipos de oración que has estudiado y contesta: ¿Qué tipo de oración crees que realizaría habitualmente para sentirse así?
3. ¿Crees que la relación entre santa Teresa de Lisieux y Dios era cordial? ¿Por qué?

Recuerda

Completa en tu cuaderno.

La oración consiste en .... con Dios. Para orar es necesario el .... interior y un corazón ....

¿Qué he aprendido?

1 Completa en tu cuaderno el siguiente mapa conceptual usando las siguientes palabras.

humilde • dialogar • silencio • vocal • meditación

La oración consiste en .... con Dios.

- Necesitamos
  - .... interior.
  - un corazón ....
- Las distintas formas son:
  - oración ....
  - ....
  - contemplación.

2 Imagina que te has enfadado con el chico de la fotografía y quieres recuperar la cordialidad, dialogando con él. Piensa y contesta en tu cuaderno.

- ¿Qué problema habéis tenido entre vosotros?
- ¿Dónde podéis dialogar tranquilamente para solucionarlo?
- ¿Qué ruidos y distracciones tendríais que evitar?
- ¿Cómo empezarías la conversación?

3 Copia la siguiente sopa de letras en tu cuaderno y encuentra seis palabras relacionadas con la oración.

E	L	P	A	D	A	R	E	N	U	S	E	S
C	O	N	T	E	M	P	L	A	C	I	O	N
T	R	P	O	E	I	S	B	I	B	L	I	A
D	I	A	L	O	G	O	L	A	O	E	R	A
C	I	D	O	N	O	Q	U	E	J	N	E	S
U	S	R	C	O	S	M	U	N	I	C	C	O
A	S	E	U	S	D	I	S	C	I	I	P	U
L	O	M	E	D	I	T	A	C	I	O	N	S

Me quedo con...

Pasaporte

Completa tu *Pasaporte* con lo que has aprendido, lo que más te ha gustado y lo que te ha emocionado de esta unidad.

Repaso interactivo

sm**Savia**digital.com

VALORA LO APRENDIDO

¿Qué has aprendido?

El canto del pájaro
Anthony de Mello
Editorial Sal Terrae
- Adaptación -

Las campanas del templo

Desde la playa, se divisaba la torre del templo sobre la isla a varios kilómetros mar adentro. Tenía un millar de campanas, grandes y pequeñas, labradas por los mejores artesanos del mundo. Cuando soplaba el viento y arreciaba la tormenta, todas las campanas repicaban al unísono, y producían una sinfonía que maravillaba a todos los que la escuchaban.

Con el paso del tiempo, la isla se fue hundiendo y la torre desapareció por completo bajo las aguas del mar. Entonces, una leyenda nació: Las campanas siguen tocando sin cesar, y cualquiera que escuche atentamente puede oír su hermoso sonido.

Atraído por la leyenda, un joven recorrió miles de kilómetros en busca de la playa en la que se decía, se oía el repicar de las campanas. Escuchaba hablar a los ancianos del lugar con admiración sobre el sonido de las campanas, y el joven ardía en deseos de oírlas también. Estuvo sentado durante días en la playa escuchando con toda atención, pero lo único que conseguía oír era el ruido de las olas al romper contra la orilla. Hizo todos los esfuerzos posibles para aislarse del sonido del mar, pero todo fue en vano: el estruendo de las olas inundaba todo.

Finalmente, le venció el desaliento. Pensó que tal vez él no estaba destinado a ser uno de aquellos afortunados que podían oír las campanas, o que quizá fuera falsa la leyenda. Decidió acudir por última vez a la playa para decir adiós al mar, al cielo, al viento y a los cocoteros. Se tendió en la arena para contemplar el cielo y escuchar el sonido del mar. Aquel día no opuso resistencia a aquellos sonidos, sino que, por el contrario, se entregó a ellos y descubrió su hermosura. Absorto, poco a poco se hizo el silencio en su corazón, y enseguida empezó a escuchar miles de campanas repicando en gloriosa armonía.

Si deseas escuchar las campanas del templo, escucha el sonido del mar. Si deseas ver a Dios, mira atentamente la creación. No la rechaces, no reflexiones sobre ella. Simplemente, mírala.

1. ¿Por qué no conseguía el joven oír las campanas?
2. Elige una de las siguientes palabras y construye una frase que resuma la enseñanza de este cuento.

silencio • contemplación • paz interior • escucha • atención

Aprender más
Contemplamos

Observa esta pintura. Representa a un sembrador al atardecer.

1. ¿Piensas que la tierra es fértil? ¿Por qué?
2. Imagina que estás dentro del cuadro observando al sembrador.
   - Describe en tu cuaderno los sonidos que escuchas en este ejercicio de imaginación.
   - ¿Son sonidos agradables o desagradables?
3. Este cuadro, ¿te transmite paz interior? Justifica tu respuesta.

VINCENT VAN GOGH,
El sembrador

Van Gogh fue **predicador** cuando era joven, antes de dedicarse a la pintura. Lee lo que escribió a su hermano el día que explicó por primera vez un relato del evangelio en una celebración dentro de la iglesia:

> "Cuando me encontraba en el púlpito me sentía como quien desde una cueva subterránea vuelve a salir a plena luz. Es maravilloso pensar que, desde ahora, predicaré el evangelio por todo el mundo".

4. ¿Qué relación encuentras entre el cuadro del sembrador y las palabras de Vincent?
5. Imagina que la tierra del cuadro representa el corazón de la gente que escuchaba a Van Gogh en la iglesia.
   - ¿Qué es lo que Van Gogh sembraba en su corazón?
   - ¿Cómo podrían hacer más fértiles sus corazones?

vocabulario

Predicador. Persona que se dedica a leer y a explicar la Palabra de Dios.

Púlpito. Plataforma elevada que está en algunas iglesias para predicar desde ellas.

smSaviadigital.com
CONTEMPLA E INVESTIGA
Galería de arte.

Exprésate

Este cuadro de Van Gogh refleja la tranquilidad necesaria para dialogar con Dios. El artista eligió pintar un sembrado de trigo, pero podría haber elegido otros escenarios.

Dibuja un cuadro que también transmita tranquilidad y paz interior, pero en un escenario distinto al de un sembrado.

Aprender más
Investigamos

Marcos no ha visto nunca un campo sembrado de cereales. Ha buscado información para conocer mejor cómo se cultiva el trigo y así poder comprender mejor la parábola de la unidad. ¿Ayudas a Marcos a programar una siembra?

Un climograma indica la temperatura y la precipitación de cada mes del año. Lee las pistas de investigación y contesta.

1. Observa este climograma. ¿En qué meses sembrarías el trigo? ¿Por qué?

Clima desértico

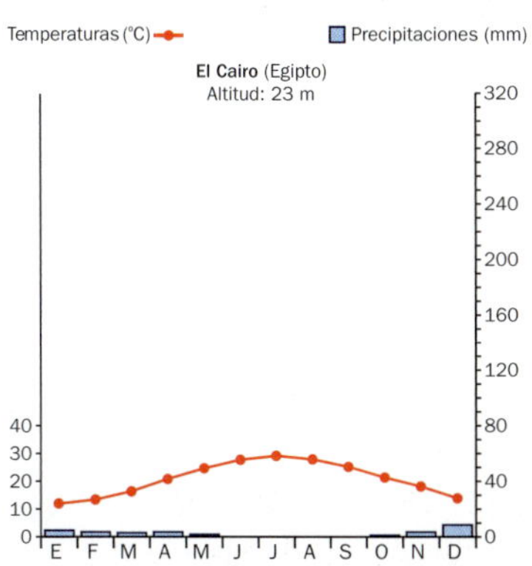

Clima mediterráneo

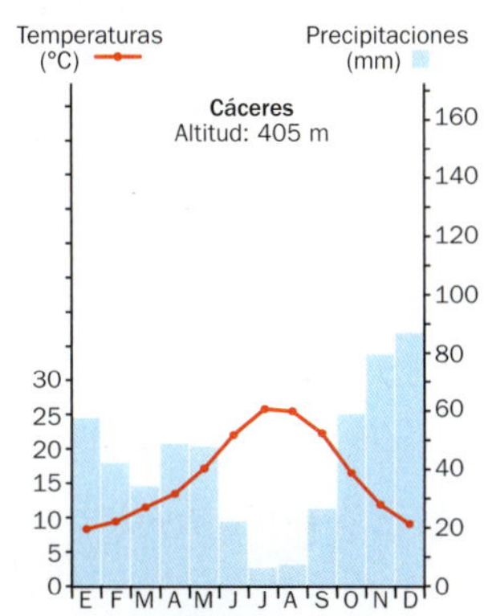

Un grano de trigo produce una espiga con unos treinta granos. Además, en la siembra **a voleo** 4 de cada 100 granos no caen en tierra fértil.

2. Si un sembrador esparce 1000 granos de trigo a voleo, ¿cuántas espigas producirá la tierra?

Para asustar a los pájaros se usan espantapájaros.

3. Piensa qué tipo de *espantapájaros* usarías para ahuyentar estas cosas.
   - Las distracciones en el estudio.
   - Las discusiones entre compañeros.

Pistas para la investigación...

El agua. Es un elemento fundamental para la vida. El trigo se suele sembrar en otoño o en primavera porque son las épocas en las que más llueve en el clima mediterráneo. Además las temperaturas son más suaves.

Sembrar a voleo. El sembrador se cuelga una bolsa con granos de trigo, los coge a puñados y los esparce por la tierra. Esta manera de sembrar se la denomina "sembrar a voleo". Algunos granos caen fuera de la tierra fértil y no crecen.

Espantapájaros. Muñeco que imita a una figura humana y que los agricultores colocan para ahuyentar a los pájaros de los campos sembrados.

Taller

Representar la parábola del sembrador utilizando los siguientes personajes. Podéis representarla sin palabras y usando únicamente la mímica.

- Sembrador
- Granos de trigo
- Pájaros
- Piedras
- Malas hierbas
- Espantapájaros

ÁLBUM

LOS CRISTIANOS REZAMOS EL PADRENUESTRO

Jesús nos enseñó a hablar con Dios con la misma confianza con que hablamos con las personas que más queremos.

Cuando rezamos, alabamos a Dios, le damos gracias y le pedimos ayuda.
Hay muchas formas de rezar.

En familia, cuando damos gracias a Dios por los alimentos.

Al levantarnos y al acostarnos, cuando le pedimos a Dios lo que necesitamos.

En grupo, cuando rezamos el padrenuestro o cantamos.

En la eucaristía, cuando escuchamos la Palabra de Dios.

Jesús dijo: "Tú, cuando ores, entra en tu habitación, cierra la puerta y ora a tu Padre, que está en lo secreto; y tu Padre, que ve en lo secreto, te premiará" (*Mateo* 6,6).

Jesús nos enseñó a confiar en Dios y a rezarle el padrenuestro.

8 La Iglesia trabaja por la igualdad

Nuestro colegio es como una gran familia. Está formada por personas de diversas regiones de España y de otros países. Es un lugar donde todos convivimos y compartimos nuestra cultura y forma de ser. Al aceptarnos y respetarnos, nos enriquecemos mutuamente.

Empezamos

1 Observa la imagen de la página anterior y contesta en tu cuaderno.

- ¿Dónde están estas personas? ¿Quiénes crees que son?
- ¿Por qué algunos van vestidos con trajes típicos? ¿Sabes a qué zonas de España y del mundo corresponden esas vestimentas tradicionales?
- ¿Qué comidas reconoces en la ilustración? ¿De dónde son típicas? ¿Qué tipo de fiesta crees que pueden estar celebrando?

2 Copia las palabras del recuadro. Rodea las que creas que describen los sentimientos de los personajes del dibujo. Si no conoces el significado de alguna, consulta las páginas 94 y 95.

orgullo • alegría • afinidad • diversión • inquietud
cordialidad • tristeza • rechazo • indiferencia • empatía

3 Lee el significado de la palabra *aceptación*. ¿Crees que hay aceptación entre las personas del dibujo? ¿Por qué?

4 Piensa en las personas de tu alrededor. Copia y completa esta tabla en tu cuaderno con dos acciones que nos ayuden a respetarnos mutuamente y otras dos que no nos ayuden.

LO QUE NOS AYUDA	LO QUE NO NOS AYUDA
Conocernos mejor	No hablar entre nosotros
....	....
....	....

vocabulario

Aceptación. Emoción que sentimos hacia otras personas y grupos cuando los respetamos y los valoramos tal y como son.

smSaviadigital.com
PONTE A PUNTO
Comprueba lo que sabes.

El punto de vista de... Sofía

Esta semana Sofía ha conocido a un grupo nuevo de chicos y chicas de su barrio. Cuando salen del colegio, a veces se divierten riéndose de los demás y maltratando a los animales. Sofía les aprecia, pero no se encuentra a gusto con ellos y no sabe qué hacer.

Organizar un debate para ayudar a Sofía en la situación que ha descrito.

¿Debe aceptar Sofía a estos nuevos amigos y quererlos tal como son, o no debe salir con ellos?

Si los acepta, ¿puede pedirles que cambien? ¿Por qué?

Leemos y aprendemos con la Biblia

No existen diferencias entre los seguidores de Jesús

Pablo anunció la buena noticia de Jesús por muchas ciudades del Imperio romano, incluso en la capital: Roma. Las personas que querían seguir a Jesús recibían el bautismo y entraban a formar parte de la Iglesia de Jesús. No había diferencias entre ellos porque todos eran hijos de Dios.

Todos los bautizados sois uno

Gálatas 3,26-28

Todos vosotros sois hijos de Dios porque creéis en Jesús. Todos los que habéis recibido el bautismo os habéis vestido con la misma ropa: el traje de Jesús. Ya no hay diferencias entre judío y no judío, entre esclavo y libre, entre hombre y mujer. Todos vosotros sois uno en Cristo Jesús.

Comprendemos

1. Observa el dibujo y lee el relato bíblico. Después, contesta en tu cuaderno.
   - Fíjate en las personas que hay junto al río. ¿Se sienten todas igual de importantes? ¿Por qué lo crees? ¿Se aceptan mutuamente? ¿En quién creen?
   - Observa ahora al patricio romano que está en su litera y a las personas que le llevan. ¿Crees que son personas iguales y que tienen los mismos derechos? Imagina qué siente cada uno al observar al grupo del río y descríbelo en tu cuaderno.
2. Mira cómo van vestidas las personas que están en el río.
   - ¿Por qué piensas que visten todas igual? Relaciona tu respuesta con el texto bíblico que acabas de leer.
3. Copia en tu cuaderno una de las tres oraciones que explica mejor la expresión: "Todos vosotros sois uno en Cristo Jesús". Explica tu elección.
   - Todos están unidos, como en una familia.
   - Nadie debe distinguirse de los demás.
   - Todos somos hermanos, hijos de Dios.
4. Completa en tu cuaderno las siguientes frases con las palabras que faltan y escríbelas en el crucigrama. Después, escribe la palabra que se ha formado en la columna vertical para completar la cita bíblica.
   - Todos los bautizados creen en ....
   - Todos los hijos de Dios se quieren como ....
   - La .... consiste en considerar algo bueno al aceptar a los demás tal como son.

					J					
						M				S
A			P					O		

   - "Todos vosotros sois .... en Cristo Jesús" (*Gál 3,28*).

sm**Savia**digital.com
UTILIZA LA BIBLIA
Elige la palabra.

QUIÉN ES QUIÉN en el Relato

El país de Jesús pertenecía al Imperio romano. En esta época, había diferentes grupos sociales, según la riqueza y los derechos que tenían. Los principales grupos sociales eran los siguientes:

- **Patricios.** Eran ciudadanos libres. Poseían la mayor parte de las tierras y ocupaban los cargos más importantes.
- **Plebeyos.** Eran ciudadanos libres, pero más pobres que los patricios. Eran comerciantes, artesanos y pequeños agricultores.
- **Esclavos.** No eran ciudadanos. Eran propiedad de otras personas. No tenían ningún derecho. Hacían los trabajos más duros.
- **Mujeres e hijos.** Estaban sometidos a la autoridad del padre de familia y no tenían derechos políticos.

Ponte en su lugar

Imagina que eres uno de los esclavos que lleva a hombros al patricio romano en la litera, y que ves a las personas del río. No sabes quiénes son ni qué están haciendo, pero te ha llamado mucho la atención su comportamiento.

Escribe una carta a una comunidad de cristianos en la que les expliques qué te ha llamado más la atención de lo que has visto.

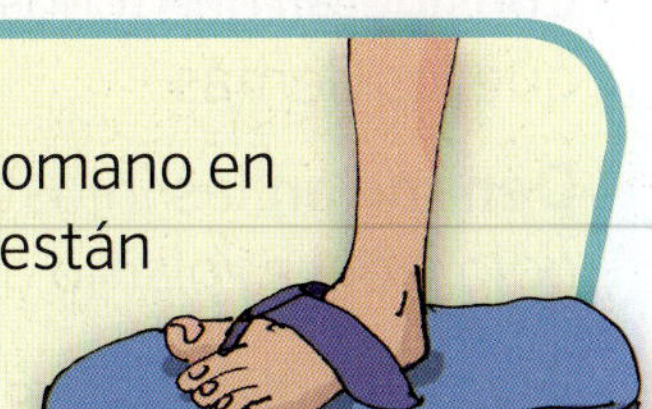

Los cristianos trabajan por la igualdad

El mensaje de Jesús rompe las barreras que marginan y aislan a muchas personas. Todos tenemos dignidad y somos queridos por Dios. Los discípulos de Jesús no hacen distinciones entre las personas; todas son aceptadas, queridas y valoradas.

Las injusticias de nuestro mundo

La humanidad es una inmensa familia en la que todos vivimos como hermanos. Pero en ocasiones, el egoísmo, el odio o la envidia, provocan que existan desigualdades entre las personas.

- **Desigualdad entre territorios.** En nuestro planeta hay grandes diferencias entre unos territorios y otros. A menudo sucede que los países del norte oprimen y abusan de los del sur: se apropian de sus recursos naturales o se los compran muy baratos, les venden armas y productos industriales muy caros, y no les apoyan en sus procesos de desarrollo. Esto provoca que los habitantes de los países empobrecidos pasen hambre, no tengan medicamentos o no reciban educación.
- **Explotación de trabajadores.** Gracias al trabajo, nos realizamos como personas y obtenemos los bienes necesarios para vivir con dignidad. Sin embargo, algunas personas explotan a los trabajadores para ganar más dinero, les hacen trabajar muchas horas, no les pagan el salario suficiente, y no les proporcionan los medios necesarios para trabajar con seguridad.
- **Marginación de las mujeres y los niños.** En muchos países, las mujeres son consideradas inferiores a los hombres, no se tienen en cuenta sus opiniones y, a veces, las esclavizan y maltratan. También los niños son marginados, les obligan a trabajar y, en ocasiones, les convierten en soldados o en esclavos; negándoles así su derecho a la educación.
- **Desprecio del que es diferente.** Algunas personas se burlan y marginan a los que son diferentes a ellas porque creen que son inferiores. Esto ocasiona actitudes de rechazo hacia quienes son de una cultura distinta, o están enfermos, o sufren alguna discapacidad, o han llegado a la vejez, o son mujeres, etc.

La Iglesia continúa la misión de Jesús

La Iglesia reconoce la igualdad entre todas las personas y trabaja por la justicia. Los cristianos siguen el ejemplo de Jesús.

- **Consideran** que todos somos hermanos y que nadie es más importante que los demás.
- **Denuncian** las injusticias que se producen en el mundo, fruto del odio y del egoísmo de las personas.
- **Viven** aceptando a todas las personas, amando al prójimo y construyendo, de esta manera, un mundo más justo.

Todos tenemos derecho a un trabajo digno y seguro.

Todos los niños tienen derecho a la educación.

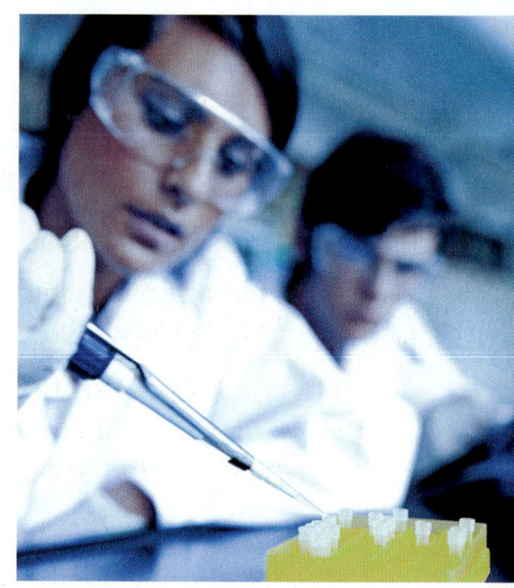

Hombres y mujeres tienen los mismos derechos.

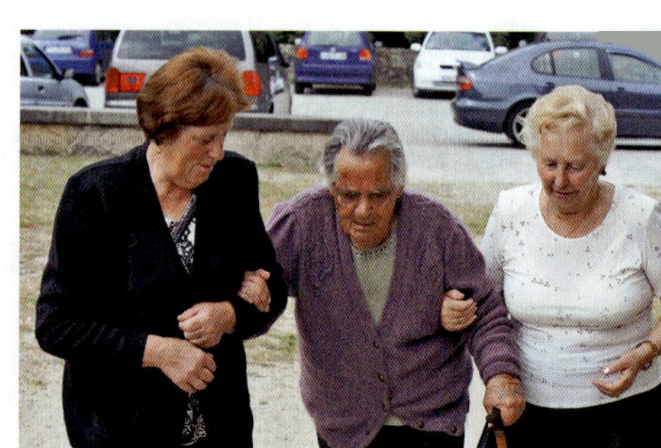

Los enfermos y los ancianos merecen el respeto, el cuidado y el cariño de toda la sociedad.

Comprendemos

1 Lee el texto de la página anterior y completa esta tabla en tu cuaderno.

INJUSTICIA	CAUSA
Muchas personas pasan hambre en los países empobrecidos.	Los países desarrollados abusan de los más débiles.
Los trabajadores son explotados.	. . . .
. . . .	Se considera inferior a la mujer.
Los niños no pueden ir a la escuela.	. . . .
. . . .	A los diferentes se les considera inferiores.

2 Piensa una injusticia que conozcas e intenta afrontarla siguiendo el siguiente esquema. Escribe en tu cuaderno cómo desarrollarías cada uno de estos tres pasos.

Describe la injusticia. → Piensa qué enseña Jesús. → Propón una solución.

vocabulario

Marginación. Decimos que alguien sufre marginación cuando se le pone o se le deja en una situación de inferioridad social, política o legal.

smSaviadigital.com
APLICA TUS CONOCIMIENTOS
Comprueba si lo has entendido.

Testigos

Isabel Pérez-Aguirre López

Isabel Pérez es profesora en el IES Rafael Alberti, en Cádiz. Colabora en la educación de niños y adolescentes que tienen diferentes cualidades. Ella acepta a todos y procura aprovechar lo mejor de cada uno de ellos.

Isabel tiene unos alumnos muy especiales, son niños autistas. Estos tienen dificultades para relacionarse con los demás y para aprender. Ella invita a aceptarlos, a comprenderlos, a quererlos y a trabajar para que puedan desarrollar sus habilidades.

Isabel es la presidenta de la Asociación de Padres de Niños Autistas (APNA) que se creó en Cádiz en el año 1980. Esta asociación ayuda a las familias de niños autistas a mejorar sus condiciones de vida e integrarlos en la sociedad. Isabel nos muestra que hay que aceptar, querer y defender a todas las personas.

1 ¿Por qué Isabel nos da ejemplo de aceptación de todas las personas?

2 ¿Conoces a alguien que se sienta marginado por ser diferente a los demás? ¿Qué harías por él?

Recuerda

Completa en tu cuaderno.

***Jesús enseña a sus discípulos a* . . . . *, querer y valorar a todas las personas. Por eso los cristianos trabajan por un mundo más* . . . .**

¿Qué he aprendido?

1 Completa el mapa conceptual en tu cuaderno usando las siguientes palabras.

explotación • aceptan • diferente • injusticias • territorios • denuncian • niños

En nuestro mundo existen ....

como

- desigualdad entre ....
- .... de trabajadores.
- marginación de mujeres y ....
- desprecio de quien es ....

Siguiendo a Jesús, los cristianos

- .... las injusticias.
- .... y aman a todas las personas.

2 Ordena esta oración, cópiala en tu cuaderno y explica su significado.

bautismo • Por • el • somos • hijos • Dios • de

3 Copia en tu cuaderno las oraciones verdaderas y corrige las falsas.

- Hay que acostumbrarse a las injusticias del mundo pues nunca se van a solucionar.
- La Iglesia solo defiende los derechos de los bautizados.

4 Inventa y escribe en tu cuaderno una historia relacionada con el niño que aparece en la fotografía de la derecha.

- Introduce en tu relato todos los elementos que hayas aprendido en esta unidad.

Me quedo con...

Pasaporte

Completa tu *Pasaporte* con lo que has aprendido, lo que más te ha gustado y lo que te ha emocionado de esta unidad.

Repaso interactivo

smSaviadigital.com

VALORA LO APRENDIDO

¿Qué has aprendido?

Obra completa
Anthony De Mello
Editorial Sal Terrae
- Adaptación -

La orquesta del rey

Los habitantes de un país muy lejano siempre estaban tristes. Nunca salía el Sol y se pasaba el día lloviendo. Un día, el rey de este país decidió traer la alegría a todos, y pensó en formar una orquesta para que pudieran bailar y disfrutar con bonitas melodías.

Se puso manos a la obra y encargó al clarinete que buscara otros instrumentos para formar su orquesta. Inmediatamente, el clarinete llamó sus amigos. Habló con las flautas, con el oboe, con los saxofones, con las trompetas y bombardinos, con las tubas y los fagots. Todos estaban encantados de poder formar parte de la orquesta del rey.

Un violín se enteró del proyecto y fue a hablar con el clarinete:

—Yo también quiero formar parte de la orquesta —se ofreció el violín.

—¡Imposible! Tú no eres un instrumento de viento, sino de cuerda. Tu sonido es desagradable. La orquesta solo puede contar con instrumentos de viento que toquen bonitas melodías.

El violín se marchó muy triste por haber sido rechazado. Respuestas parecidas obtuvieron otros instrumentos de cuerda como el piano, la viola, el chelo y el arpa. También los de percusión fueron rechazados por el soberbio clarinete.

Por fin llegó el día del primer concierto. Se hizo el silencio. ¡A la de una, a la de dos y a la de tres! Todos los instrumentos de viento empezaron a producir una música agradable, pero no era bonita. Al cabo de unos minutos, la gente empezó a aburrirse y a abuchear a la orquesta.

El rey, enfadado, pidió al clarinete que arreglara el asunto. Así que este buscó a todos los instrumentos que había rechazado y, en un par de semanas, la orquesta estuvo lista. Los instrumentos de percusión y de cuerda rebosaban de alegría por formar parte de la orquesta del rey. Los de viento estaban satisfechos de poder tocar todos juntos.

El segundo concierto fue un éxito. La diversidad de sonidos sí que producía bonitas melodías. Todos bailaron y cantaron sin parar.

1. ¿Pensaba el clarinete que todos los instrumentos eran importantes o que había unos mejores que otros? Explica tu respuesta.
2. ¿Qué consecuencias tuvo el rechazo de los instrumentos de cuerda y de percusión? ¿Y su aceptación?

Aprender más
Contemplamos

Observa el cartel de Manos Unidas y fíjate en los detalles.

1. Elige tres dibujos del cartel que creas que representan las prioridades en las que se debe actuar para evitar las injusticias. Dibújalos en tu cuaderno.
2. Escoge una imagen para señalar las actuaciones imprescindibles para el desarrollo en educación, sanidad, trabajo, igualdad, paz y justicia.

Sabías que...

Manos Unidas es la Asociación de la Iglesia Católica en España para la ayuda, promoción y desarrollo del Tercer Mundo. Es, a su vez, una Organización No Gubernamental para el Desarrollo (ONGD), de voluntarios, católica y seglar.

Manos Unidas lleva más de cincuenta años trabajando para ayudar a millones de personas, cuyos derechos se vulneran cada día, apoyando proyectos que les permitan vivir con dignidad en un mundo que les da la espalda.

3. ¿Por qué crees que los cristianos deben trabajar por la igualdad?
4. Dialoga con tus compañeros sobre la siguiente frase del papa Benedicto XVI: "La Iglesia tiene una misión de verdad que cumplir en todo tiempo y circunstancia a favor de una sociedad a medida del hombre, de su dignidad y vocación". (*Caritas in Veritate, 9*).

Exprésate

En el cartel de Manos Unidas hay muchas imágenes relacionadas con la ayuda, la solidaridad, la educación, etc., que juntas forman la silueta del mundo.

Recorta una cartulina en forma de círculo y dibuja en ella acciones que consideras necesarias para el bien de toda la humanidad.

Presentar al resto de la clase los "mundos" que habéis dibujado cada uno. Explicar por qué habéis elegido esas acciones.

Utilizando todas las cartulinas construir un "gran mundo".

Aprender más
Investigamos

Ya acaba el curso y Marcos está muy contento. Ha investigado muchas cosas curiosas y ha aprendido un montón. Su última investigación la quiere dedicar a la igualdad de las personas. Se ha enterado de que muchos países defienden la dignidad de todos siguiendo la Declaración Universal de los Derechos Humanos.

smSaviadigital.com
CONTEMPLA E INVESTIGA
Promoviendo los derechos.

La ONU (Organización de Naciones Unidas) es un organismo donde están representados casi todos los países del mundo. Sus objetivos son defender la dignidad de las personas y garantizar la paz, la seguridad y el desarrollo de los pueblos.

1. Observa el emblema de la ONU. ¿Cómo refleja la misión de este organismo?

La Declaración Universal de los Derechos Humanos recoge los derechos que tenemos todos por el hecho de ser personas.

2. Lee las pistas y relaciona cada fotografía con el artículo más adecuado.

3. Piensa y escribe tres derechos más que tienen todas las personas.

Pistas para la investigación...

Derechos Humanos. Algunos artículos de la Declaración Universal de los Derechos humanos son:

Artículo 1. Todos los seres humanos nacen libres e iguales. Deben tratarse como hermanos unos a otros.

Artículo 2. Todos tienen los derechos proclamados en la Declaración, sin distinción de etnia, color, sexo, idioma, religión, origen, opinión política o cualquier otra causa.

Artículo 3. Todo individuo tiene derecho a la vida y a la libertad.

Artículo 5. Nadie será sometido a torturas ni a tratos degradantes.

Emblema de la ONU. Con él se identifica a esta organización en el mundo. Las ramas del olivo simbolizan la paz, y el mapa del mundo representa las regiones por las que se interesa la ONU.

Taller

Vamos a representar algunos derechos humanos. Puedes consultar la Declaración Universal de los Derechos Humanos en esta dirección: **www.e-sm.net/k5_derechos_humanos**. También puedes escenificar los derechos del niño: **www.e-sm.net/k5_derechos_niño**.

Formar varios grupos y escoger cada uno un derecho.

Escenificar una situación en la que se pueda aplicar ese derecho.

ÁLBUM

CRISTIANOS QUE TRABAJAN POR LA IGUALDAD

Todos los seres humanos nacen iguales en dignidad y derechos. Este es el primer artículo de la Declaración Universal de los Derechos Humanos. Pero no siempre se respeta.

La religión cristiana considera a todos iguales porque todos somos hijos de Dios. En estas páginas, vas a descubrir cómo cristianos de todo el mundo ayudan a los demás a vivir este derecho.

PABLO

Siempre soñó con tener las mismas oportunidades que los demás. Ahora trabaja en una asociación de la diócesis de Ciudad Real. Ayuda a tratar con respeto y dignidad a personas con síndrome de Down.

MARY

Vive en San Diego, California. Mary, junto con otros miembros de su comunidad, ha puesto en marcha un programa para ayudar a los latinoamericanos que emigran a Estados Unidos, para que no sean discriminados.

PEDRO

Pertenece a la comunidad parroquial del **municipio de Esquipulas, en Guatemala**. Allí Pedro trabaja con los mayas. Su objetivo es que se respeten las tradiciones de este pueblo indígena y reclamar sus derechos como ciudadanos.

PILAR

Trabaja en el hospital de San Vicente de Paul, en Santiago de Chile. Pilar ayuda a los enfermos para que se sientan queridos y aprecien el amor de Dios.

MARUSKA

En Moscú y sus alrededores hay muchos niños huérfanos. La parroquia católica donde colabora Maruska tiene hogares de acogida para ellos. Maruska participa como voluntaria en una familia de acogida.

KARIMA

Es cooperante en Líbano. Karima trabaja a favor de todos los refugiados víctimas de los conflictos y de las guerras en Oriente Próximo.

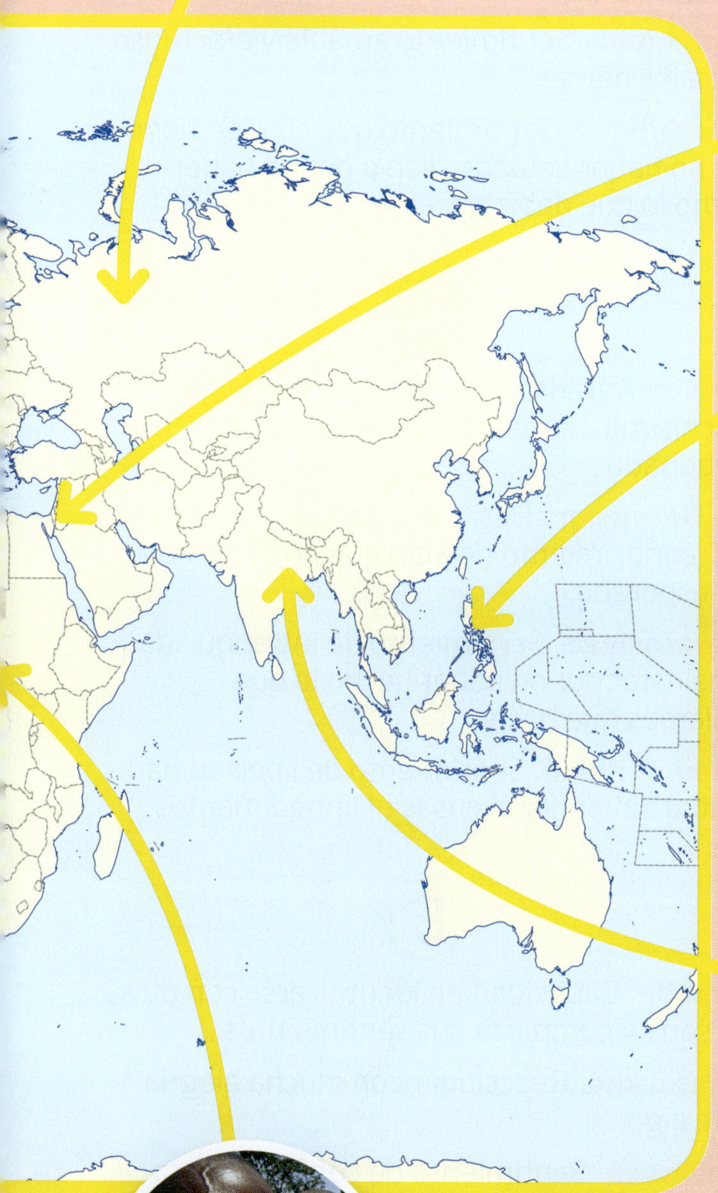

JOANNE

Su trabajo en la misión de Manila, en Filipinas, consiste en atender a las niñas maltratadas. Joanne las ayuda a recuperar su salud y a que se sientan personas con todos los derechos.

RANJIT

Cuando estudiaba en el colegio de los padres blancos de Calcuta, en la India, Ranjit aprendió a jugar al hockey sobre hierba. Hoy, ayuda a los niños a estar alegres y a disfrutar de los amigos practicando ese deporte.

MUGABE

Desde la escuela parroquial de la misión católica en Bangassou, en la República Centroafricana, Mugabe enseña a muchos niños para que puedan tener un futuro mejor. Para conseguirlo, su principal objetivo es que sus alumnos conozcan sus derechos y sientan que son iguales a todos los niños del mundo.

Vocabulario emocional

A

Aceptación. Recibir voluntariamente algo o a alguien, y considerarlo bueno tal como es.

Admiración. Sentimiento de amor, ternura y cariño que tenemos hacia alguien que nos atrae por sus cualidades.

Adoración. Amor, respeto o admiración que se muestra hacia algo o alguien con mucha intensidad.

Afinidad. Atracción, proximidad o semejanza de caracteres, opiniones o gustos que hay entre dos o más personas.

Amor incondicional. Es un amor absoluto, sin límites, que no espera nada a cambio ni pone condiciones.

Angustia. Sensación que notamos cuando estamos preocupados.

Anhelo. Deseo intenso de conocer o conseguir algo.

Apasionamiento. Sentimiento de gran interés, afición o entusiasmo hacia algo.

Arrepentimiento. Pena que se siente por haber hecho algo mal y deseo de no volverlo a hacer.

Arrogancia. Sentimiento de creerse superior a los demás. Orgullo.

Autoestima. Quererse y apreciarse uno mismo tal y como es.

B

Bienestar. Sensación que tenemos cuando nos sentimos bien y estamos cómodos.

C

Confianza. Sentimiento de seguridad o protección que nos da una persona que siempre nos ayuda.

Cordialidad. Sentimiento amable y afectuoso hacia los demás.

Culpabilidad. Sentimiento que alguien tiene por no haber actuado bien o por no haber hecho lo que debía hacer.

D

Deleite. Agrado ante algo que nos gusta muchísimo, nos encanta y nos deja embobados.

Decepción. Desilusión por el conocimiento de algo que no es como se esperaba.

Desasosiego. Sentimiento de intranquilidad y malestar por no haber hecho lo que teníamos que hacer.

Disponibilidad. Sentimiento de libertad para ayudar sin poner excusas ni impedimentos.

E

Empatía. Capacidad de identificarse con otra persona y compartir sus sentimientos.

Entusiasmo. Reaccionar con mucha alegría ante algo.

Esperanza. Sentimiento de confianza para conseguir algo que deseamos.

F

Felicidad. Sensación que se tiene cuando algo nos gusta mucho o nos produce mucho placer. Dicha.

G

Gozo. Alegría muy grande que nos llena de felicidad.

Gratitud. Lo que se siente cuando se reconoce un favor recibido y se quiere corresponder con él de alguna manera.

H

Humildad. No sentirse ni creerse mejor que los demás. Lo contrario de arrogancia.

I

Identidad. Conjunto de rasgos o características que permiten conocer a alguien y distinguirlo de otras personas.

Ilusión. Esperar algo con alegría y muchas ganas.

Indiferencia. Lo que se siente cuando algo no importa o no se le da valor.

M

Miedo. Sensación de angustia o inquietud ante un peligro real o imaginario. Temor.

P

Paz. Situación en la que se está tranquilo y sin problemas con los demás.

Perdón. Olvido de una deuda, una ofensa o un daño que alguien ha recibido.

Pertenencia. Sentimiento de formar parte de un conjunto, como una clase, un grupo, una familia, una comunidad, un país.

R

Rabia. Lo que se siente cuando algo enfada mucho.

Regocijo. Alegría muy grande que manifestamos a los demás.

Rencor. Sensación de disgusto que siente una persona hacia otra por algo que ya ha pasado. Resentimiento.

S

Sacrificio. Gran esfuerzo que se realiza por amor a Dios o a otras personas sin esperar nada a cambio.

Satisfacción. Sentimiento de bienestar por actuar con responsabilidad y hacer la tarea que debemos.

Seguridad. Sentimiento de confianza y protección.

Solidaridad. Ayuda desinteresada que se da a las personas que pasan por una situación dolorosa o difícil.

T

Ternura. Actitud de afecto, cariño y amabilidad hacia alguien.

V

Valentía. Cuando una persona es capaz de controlar sus temores o miedos es valiente.

Veneración. Gran admiración hacia alguien por sus cualidades o acciones.

Vergüenza. Sentimiento de inquietud ocasionado por algo que deja en ridículo y pone la cara colorada.

Proyecto didáctico
Equipo didáctico Ediciones SM/PPC

Autoría
Juan Yzuel, Milagros Sánchez-Cifuentes, Cristina Carmona

Animaciones
Valiván

Edición
Javier Guil, Francisco J. Martín, Javier Navarro

Edición técnica
Raquel Alcalde

Corrección
Tomás Verger

Ilustración
ARCHIVO SM, Miguel Porto, Mikel Valverde Tejedor, Juan José Álvarez Cotrina, María José García Simavilla, Gregorio Rodríguez, José Luis Cabañas Onsurbe, Arturo Asensio Moruno, Sebastià Serra Bonilla, Teresa Novoa Martínez, David Arumí, Arianeta, Jacobo Muñiz López, Marta Biel Tres, Marta Munte Vidal, Jaume Gubianas, Marina Gómez Mut, Félix Moreno Arrastio, Emil Markov, Agustín Comotto

Fotografía
Sonsoles Prada, Javier Calbet, Juan Baraja, José Vicente Resino Ramos, Montse Fontich, Sergio Cuesta / ARCHIVO SM; Miguel Hernández Santos, Ernesto Arias, Carlos Jonson Muñoz, Miguel Castaño, Salvador Repeto, Julia Moreno, Francisco Javier Jaime Sanchez; Ryan McVay, Sami Sharkis, Bruce W. Heinemann / PHOTODISC; Laurence Mouton / PHOTOALTO; ASA / MINDEN PICTURES; CORDON PRESS / CORBIS; Galyna Andrushko, Walter Quirtmair / Dreamstime; Rubberball / GETTY IMAGES; Erich Lessing / ALBUM; Congregación de la Carmelitas Misioneras, Vie de Jesús Mafa; EFE; FIRO FOTO; ORONOZ; PRISMA; DIGITAL VISION; FANCY; INGIMAGE; THINKSTOCK; Brand x Pictures; CORDON PRESS; COMSTOCK IMAGES; 123RF; SHUTTERSTOCK; iStock; MUSEO DEL PRADO; AGE FOTOSTOCK

Edición gráfica
Sergio Cuesta

Diseño de cubierta e interiores
Ignacio Molano

Maquetación
Equipo SM

Coordinación técnica y de diseño
Carmen Corrales

Coordinación editorial
José Laguna, Mª José Sanz

Dirección editorial
Pedro Miguel García Fraile

Este libro corresponde al Tercer curso de Educación Primaria y forma parte de los materiales curriculares de proyecto editorial Nuevo Kairé de Ediciones SM-PPC que ha sido debidamente supervisado y autorizado por la Comisión Episcopal de Enseñanza y Catequesis con fecha 26 de junio de 2015.

Todas las actividades contenidas en este libro han de ser realizadas en un cuaderno aparte, nunca en el propio libro. Los espacios incluidos son meramente indicativos y su finalidad es puramente didáctica.

Parque Empresarial Prado del Espino
C/ Impresores, 2
28660 Boadilla del Monte (Madrid)
ISBN: 978-84-675-8085-3
Depósito Legal: M-18.589-2015
Impreso en la UE / *Printed in EU*